历史的丰碑丛书

科学家卷

无线电大王马可尼

张富国 编著

吉林人民出版社

图书在版编目(CIP)数据

无线电大王：马可尼 / 张富国编著 .-- 长春：吉林人民出版社，2011.4（2021.8 重印）
（历史的丰碑丛书）
ISBN 978-7-206-07660-2

Ⅰ．①无… Ⅱ．①张… Ⅲ．①马可尼，M.G.（1874~1937）—生平事迹—青年读物②马可尼，M.G.（1874~1937）—生平事迹—少年读物 Ⅳ．①K835.466.16-49

中国版本图书馆 CIP 数据核字 (2011) 第 037502 号

无线电大王 马可尼
WUXIANDIAN DAWANG MAKENI

编　　著：张富国
责任编辑：郭　威　　　　封面设计：孙浩瀚
制　　作：吉林人民出版社图文设计印务中心
吉林人民出版社出版 发行（长春市人民大街7548号 邮政编码：130022）
印　刷：北京一鑫印务有限责任公司
开　本：787mm×1092mm　 1/16
印 张：8　　　字 数：72千字
标准书号：ISBN 978-7-206-07660-2
版　次：2011年4月第1版　　印　次：2021年8月第2次印刷
定　价：35.00元

如发现印装质量问题，影响阅读，请与出版社联系调换。

编者的话

"欲知大道，必先为史"。

回溯人类的足迹，人们首先看到的总是那些在其各自背景和时点上标志着社会高度和进步里程的伟大人物。他们是历史的丰碑，是后世之鉴。

黑格尔说："无疑，一个时代的杰出个人是特性，一般说来，就反映了这个时代的总的精神。"普希金说："跟随伟大人物的思想是一门引人入胜的科学。"

以史为鉴，面向未来。作为21世纪的继往开来者，我们觉得，在知史基础上具有宽广的知识结构、开阔的胸襟和敏锐的洞察力应是首要的素质要求，而在历史的大背景

◆ 历史的丰碑丛书

中追寻丰碑人物的思想、风范和足迹，应是知史的捷径。

考虑到现代人时间的宝贵，我们期盼以尽量精短的篇幅容纳尽量丰富的信息，展现尽量宏大的历史画卷和历史规律。为此，我们编撰了这套丛书。

编撰丛书的过程，也是纵览历代风云、伴随伟人心路、吸收历史营养的过程。沉心于书页，我们随处感受着各历史时期伟大人物所体现的推动历史进步的人类征服力量。我们随着伟人命运及事业的坎坷与辉煌而悲喜，为他们思想的深邃精湛、行为的大气脱俗而会意感慨、拍案叫绝。

然而，在思想开始远游和精神获得享受的同时，我们也随之感受到历史脚步的沉重

◆ 编者的话 ◆

和历史过程的曲折。社会每前进一步都是艰难的,都伴随着巨大的痛苦和付出。历史的伟大在于它最终走向进步,最终在血污中诞生了鲜活的"婴孩"。

历史有继承性和局限性,不能凭空创造。伟人也有血肉,他们的思想、行为因此注定了同样具有历史的局限性和阶级的、时代的烙印;他们的功业建立于千千万万广大人民群众伟大创造的基础上。历史是人民群众创造的,伟大的人物们是历史和时代造就的。同时,我们也无法否定此间他们个人的努力。这也正是我们编撰这套丛书的目的。

我们期盼着这套丛书得到社会的认同,对读者,特别是青少年读者之历史感、成就感和使命感的培养有所裨益。史海浩瀚,群

◆ 历史的丰碑丛书

星璀璨。我们以对广大青少年读者负责的精神，精心遴选，以助力青少年成长进步，集结出版了《历史的丰碑》系列丛书，敬请读者批评、指正。

历史的丰碑丛书

编委会

策　划：胡维革　吴铁光
　　　　林　巍　冯子龙

主　编：胡维革　邢万生

副主编：贾淑文　谷艳秋

编　委：（按姓氏笔画为序）
　　　　于二辉　刘士琳
　　　　刘文辉　孙建军
　　　　李艳萍　吴兰萍
　　　　杨九屹　隋　军

20世纪人类生活及社会活动最显著的特点之一，就是无线电报、无线电广播、电视和传真通讯，这些发明和创造体现了人类的聪明才智，极大地丰富和改进了人类的生活方式。当我们回顾从1862年麦克斯韦创造性地提出电磁理论到1909年马可尼和布劳恩荣获诺贝尔物理学奖的早期无线电发展史时，我们就可清晰地认识到伟大的意大利科学家马可尼顽强探索，努力奋斗的卓越贡献的意义。一项重大的科学理论成果要转化成为改造社会生活的巨大物质力量，科学技术要发挥第一生产力的伟大作用，需要经过很多人的不懈努力。马可尼以他那顽强拼搏、九死而不悔的坚强意志，开创了一个无与伦比的时代。

目 录

波伦亚城美少年　　　　◎ 001

无线电世界的迟到者　　◎ 013

翼羽初丰看雏鹰　　　　◎ 023

云游万里片刻钟　　　　◎ 037

信号飞越大西洋　　　　◎ 053

无线电事业的"双子星"　◎ 065

永不满足的探索　　　　◎ 079

荣誉功劳的归属　　　　◎ 094

永不消逝的电波　　　　◎ 107

历史的丰碑丛书

波伦亚城美少年

> 善于掌握自己时间的人是真正伟大的人。
> ——作者题记

在科学发展的历史上，凡有成大业者，绝大多数是少年有志，聪慧过人。社会上一直流传着爱因斯坦年幼时愚顽的故事，好像小爱因斯坦儿时傻兮兮的，只是后来才脱颖而出似的。著名物理学家、与爱因斯坦友人十分熟悉的杨福家教授曾专文驳斥上述说法。其实，爱因斯坦少年聪颖，敦敏好学，钻研学问颇深，常提一些刁钻古怪的问题，其思索之深超过老师，有些平庸的当事人就编造了不好的话题。被以讹传讹的慵懒作家获之如宝，又大加渲染。

马可尼和爱因斯坦一样，少年立志，刻苦钻研，就当时的科学问题苦思不解……爱因斯坦以脑解决疑惑专门从事理论物理学；马可尼以手解决技术难题专门进行实验工作。他们并肩站立在诺贝尔金灿灿的领奖台上，世代接受人们的奠祭，被列入名传天下的

"物理学圣殿的诸神"。

意大利的威尼斯是一个天下皆知的港城,她那如诗如画的水上风光曾迷倒无数倾慕者。出港城向西然后向北行,是意大利北部的波伦亚,马可尼就生于这个风景宜人的小城。

在波伦亚城郊,有一个规模不小的庄园,那里林木葱郁、河水潺潺,土地虽然略显贫瘠但收成也算够人丰衣足食。马可尼的父亲是庄园的主人,他勤勉经营,家境倒也十分殷实。马可尼的母亲是一位爱尔兰贵族的后裔,知书达礼,颇通文墨。她精心教育小马可尼,给他讲爱尔兰风情,讲英国科学家的故事,在马可尼幼小的心灵里种下了科技创造无尚光荣的种子。

← 威尼斯

无线电大王　**马可尼**

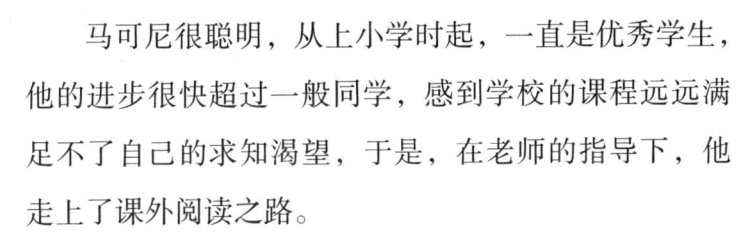

　　马可尼很聪明，从上小学时起，一直是优秀学生，他的进步很快超过一般同学，感到学校的课程远远满足不了自己的求知渴望，于是，在老师的指导下，他走上了课外阅读之路。

　　研究发现，大凡有成就的人的成长中，都有自己课外阅读的习惯。可以毫不夸张地说，课外阅读构成了受教育者成才的必要因素。

　　丰富的阅读扩展了马可尼的视野，他知道了波伦亚城以外、意大利以外的世界，了解了欧洲以及整个世界的情形。

　　1888年，马可尼已经长成一个风度翩翩的英姿美少年了，他宽大的额头里装着整个世界的奥秘。这一年，德国物理学家赫兹第一次以电磁振荡器的实验装置证明了麦克斯韦预言的电磁波的存在，他的实验研究发表之后，引起了整个物理学界的震动。

→ 波伦亚

俄国大科学家波波夫、法国物理学家布冉利、英国物理学家洛奇，还有远在新西兰的卢瑟福都成了电磁波的追求者。美洲大陆也不甘寂寞，一位南斯拉夫籍人苔思拉也参与了这场追逐战。马可尼在无线电事业中只是一个后来居上的人。

←德国物理学家赫兹

　　在电磁波寻找自己钟情者的过程中，通过马可尼的课外阅读，使他们于波伦亚城郊的农庄相遇。那是赫兹发现电磁波两年多以后的事情。

　　当时，年满16周岁的马可尼总想做一点大人的事，于是在圆满完成学业的同时，迈向了科学研究。那一年，有一位物理学老师见他好学上进，就送给他一本电学杂志，叫他仔细阅读。这位老师也有点难为一下马可尼，煞一下他的孤傲劲儿的意思。

　　马可尼可没想那么多，他迷恋知识已经到了废寝忘食的程度。杂志上有几篇介绍赫兹实验的文章，这

无线电大王　**马可尼**

些文章的作者都算得上科普大师级的人物，文章深入浅出，通俗有趣，生机盎然，一下子就俘虏了马可尼的心。许多天中，马可尼爱不释手地阅读这些文章，茶饭不思，整个人的行为也有些怪怪的。他心驰神往，恍然中若有所悟：世界上竟然有如此神奇的电波，我们难道不能真像人们设想的那样对它加以利用么？

少年当立志，立志立大志。可能是母亲讲过的"吉本立志撰史书"的故事触动了马可尼，他也立志攻克无线电难关。

爱德华·吉本（旧译吉朋）是18世纪英国伟大的历史学家，幼时多病，不假师训，恣情浏览，盖凡各类图书典籍，均翻检一遍，后来渐渐迷上史学，于是少年立志著史为生。14岁时他已读遍英文欧洲古代

→夫兰克—赫兹实验仪

科学家卷　005

史七大家，并娴熟自如，渐及土耳其东方史。16岁到瑞士洛桑，居住了整整4年，读法国史学与希腊拉丁史家各类史学著作，渐有感悟。1764年，27岁的吉本游历罗马，登上闻名

← 爱德华·吉本

遐迩的古罗马遗址坎毕朵岭，在夕阳中，他俯视残垣断壁，感古今盛衰，于是决心撰写罗马帝国衰亡史，1787年全书完成。吉本的《罗马衰亡史》是一部200多万字的历史巨著，叙述了欧洲历史上1300多年的沧桑变幻，全书撰写过程长达23年。

马可尼十分熟悉这段故事，从中也深受启迪。他决心像吉本那样，做一个年轻有为的人。

马可尼是幸运的。送给他电学杂志的李奇老师，本身就是一位业余的电波研究者。在李奇老师的引领指导下，马可尼师生开始做一些简单的电磁实验。

少儿时代的男孩子，一般都喜爱动手摆弄东西，

无线电大王　马可尼

马可尼一做实验就着了迷。他一面埋头实验，一面开始收集有关电磁波的各种研究资料。到17岁时，马可尼已搜集了所有名家的论文。其中既有法拉第、麦克斯韦、赫兹、布冉利、洛奇、苔思拉等大师的论文，也有其他一些人的文章。凡是能找到的，他都千方百计找来了。

马可尼详细地阅读了这些资料，弄懂这些东西他足足用了一年多的时间。毫无疑问，马可尼也经历了许多次失败。但挫折却像风一样吹鼓了他前进的风帆。经营农务和商务的父亲常常嘲笑他是一个"不切实际的空想家"。在父亲看来，整天鼓捣实验，什么电铃、电容器等等，完全是一些空想，不会起任何作用的。然而，马可尼并没有丧气。李奇老师此时已调入帕多瓦大学担任物理学教授，他来信鼓励马可尼继续探索无线电世界的奥秘。

1894年秋天，敢想敢干的马可尼终于取得了初步的成绩。

一天，门铃急

→法拉第

科学家卷　007

促地响了起来。

马可尼母亲古雷姆夫人放下手中的活计,急忙穿过客厅跑去开门。可是推开房门一看,门外空荡荡的,连一个人影也没有,只有仲秋的阳光懒洋洋地照射在泛了黄的草坪上。

← 麦克斯韦

明明是门铃响了,怎么会没有人呢?真是怪事!古雷姆夫人悻悻然回到书房。隔了一会儿,铃声又响了起来,古雷姆夫人不大情愿地又去了一趟,结果还是扑了个空。这回她可有点发怒了,她冲出房门外,街上一切还是静悄悄的,然而,回头一看,她茫然了。自己就在门铃按钮附近,可里边的门铃却又一次响了起来,她伸手去按按钮,那个该死的按钮根本不听她的使唤。她以为门铃出了毛病,想请儿子来修理——马可尼在修理电器方面可是一个行家里手。

原来,这是马可尼正在做无线电信号传送实验。他把门铃设计成信号接收器。他一按手中的按钮,很快从客厅门外传来时断时续的铃声,而他的装置与门铃之间没有敷设任何导线。这一切使略懂一些物理学知识的马可尼母亲大吃一惊。

这是马可尼第一次实现无线电信号传送,当时他只有20岁。

马可尼用无线电之手按响了门铃,这也是他跨入无线电世界大门的叩门声。

在使用无线电传送信号方面,马可尼不是第一位,他只是许多位无线电创用人之一。早已在无线电实验殿堂中的赫赫有名的人物就有赫兹、布冉利、洛奇、卢瑟福和苔思拉。马可尼算是一位迟到的来客。

→ 帕多瓦大学

←马可尼

1895年夏季，从帕多瓦大学回乡休假的马可尼，天天躲在父亲庄园的小阁楼里。他找来了当时所能找到的一切实验设备和仪器，多路火花放电器、感应线圈、莫尔斯电报按键装置、金属屑检波器以及各种电容器。他整天忙于无线电实验，连起坐休息的顺序都打乱了。每天夜晚，母亲望着小阁楼彻夜长明的灯光，内心既欣慰又疼爱。

到了这一年秋天，马可尼已经可从小阁楼的实验室与3公里外的小山丘之间，成功地进行电波传递实验了。

马可尼的实验突破了室内的范围，跨入了自然。

相关链接

赫 兹

赫兹，德国物理学家，生于汉堡。早在少年时代就被光学和力学实验所吸引。十九岁入德累斯顿工学院学工程，由于对自然科学的爱好，次年转入柏林大学，在物理学教授亥姆霍兹指导下学习。1885年任卡尔鲁厄大学物理学教授。1889年，接替克劳修斯担任波恩大学物理学教授，直到逝世。

赫兹对人类最伟大的贡献是用实验证实了电磁波的存在。

赫兹在柏林大学随赫尔姆霍兹学物理时，受赫尔姆霍兹之鼓励研究麦克斯韦电磁理论，当时德国物理界深信韦伯的电力与磁力可瞬时传送的理论。因此赫兹就决定以实验来证实韦伯与麦克斯韦理论谁的正确。赫兹根据电容器经由电火花隙会产生振荡原理，设计了一套电磁波发生器，将一感应线圈的两端接于产生器二铜棒上。当感应线圈的电流突然中断时，其感应高电压使电火花隙之间产生火花。瞬间后，电荷便经由电火花隙在锌板间振荡，频率高达数百万周。赫兹将一小段导线弯成圆形，线的两端点间留有小电火花隙。因电磁波应在此小线圈上产生感应电压，而使电火花隙产生火花。所以他坐在一暗室内，检波器距振荡器10米远，结果他发现检波器的电火花隙间确有小火花产生。赫兹在暗室远端的墙壁上覆有可反射电波的锌板，入射波与反射波重迭应产生驻波，他也以检波器在距振荡器不同距离处侦测加以证实。赫兹先求出振荡器的频率，又以检波器量得驻波的波长，二者乘积即电磁波的传播速度。正如麦克斯韦预测的一样。电磁波传播的速度等于光速。赫兹在实验时曾指出，电磁波可以被反射、折射和如同可见光、热波一样的被偏振。由他的振荡器所发出的电磁波是平面偏振波，其电场平行于振荡器的导线，而磁场垂直于电场，且两者均垂直传播方向。1889年在一次著名的演说中，赫兹明确的指出，光是一种电磁现象。赫兹实验不仅证实麦克斯韦的电磁理论，更为无线电、电视和雷达的发展找到了途径。

无线电大王　马可尼

无线电世界的迟到者

> 少年心事当拿云
> 诗卷长留天地间
> ——中国古训
> 一个人追求的目标越高，他的才力就发展得越快，对社会就越有益。
> ——高尔基

在人类探索无线电世界之奥秘的历史进程中，马可尼不能算作是一位先驱，他的伟大功绩在于他不仅参与了无线电通讯的发明和创造，而且从实用的角度终身不渝地推动无线电事业的繁荣。在众多的无线电发明家中，马可尼堪称"长留天地间"的一代佼佼者。

青少年时代的马可尼就十分注意搜集无线电资料与研究论文。很多无线电发明家都是在科学研究与探索过程中，有意无意间被无线电事业所吸引，进入无线电事业当中，做出一些巨大成就又转入其他领域，只有马可尼和俄国物理学家波波夫执着地

钟情于无线电事业。然而，波波夫又英年早逝。所以，马可尼成为唯一一位起步较晚而后来居上的无线电大师。

为了继续深入无线电研究，必须熟悉前人的研究成就，只有踏在巨人的肩上，才能望得更远。追溯无线电发展史，是马可尼20岁以前的历程。

无线电探索的历史起点，可以追溯到电磁学大师、英国物理学家法拉第，他以坚实的实验基础，奠定了电磁理论的前进道路。由于法拉第是学徒出身，缺乏抽象的数理分析基础，他只是直观地提出了一些诸如"力线"、"力管"之类的电磁理论概念。这些定性的概念来自实验，很透彻地解释了实验中的许多难题。

苏格兰著名物理学家、电磁波的预言者麦克斯韦受到过良好的数理分析训练，十分擅长于把物理概念、实验问题加以数学化，把它们变成数理模型进行纯粹数理分析，揭示更深层次的性质。麦克斯韦曾引证过介质位移电流的概念，勾划出过电场模型。他接触了

←经典电动力学的创始人麦克斯韦

无线电大王　马可尼

法拉第长达30卷的《电的实验研究》丛书以后,对法拉第的工作十分折服,并且决心实现法拉第理论的定量化。他以此为基础,出版了《电磁场动力理论》一书,预言了电磁波的存在。麦克斯韦的伟大成就就是用数学方法分析了电磁理论的本质,并引导人类去探索电磁波的世界。

麦克斯韦不愧是剑桥大学的数理博士,他的电磁理论带着纯粹数学形式,整本书几乎完全是数学微积分方程式,一个推导紧接另一个推导,深奥晦涩难懂,一般人看来简直如同天书,就是身怀绝技的物理学家们读起来,也十分头痛。但是其中的科学规律以及大胆的预言,完全是经得起时代和历史推敲的。

麦克斯韦40多岁就去世了。在生前,他的理论没有得到证实,因为人们一直未能发现神秘的电磁波。

→麦克斯韦铜像

科学家卷　015

德国物理学家兼实验大师赫兹接过了由法拉第点燃，又由麦克斯韦传过来的火炬，他认为只要能够以实验证实电磁波的存在，就会使麦克斯韦理论妇孺皆知，更会推动电磁理论的飞跃发展。1888年，赫兹通过不断的摸索实践，发明了一种简单的电波环，用它首次成功地检测出了从"莱顿瓶"或电火花发生器辐射出的电磁波。赫兹的实验不仅证实了电磁波的存在，并且证明了电磁波和光波一样，具有反射、折射、衍射等性质，而这一切都是20多年前麦克斯韦言之凿凿的预见。

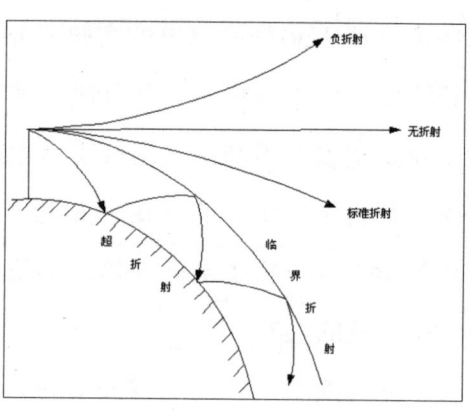

赫兹的实验成果，轰动了整个物理学界。

赫兹本来也是一位理论物理学家，他探测电磁波的目的，是检验麦氏理论，对于电磁波是否能够用于实际考虑不多。他完成了自己的心愿，就拍拍身上的尘土，又朝着理论物理世界大踏步走去……

世界上最早想到利用电磁波传递信息的人，是赫兹的朋友，名字叫做霍布尔。他是一位心灵手巧的电学技术工程师。霍布尔深深地了解赫兹的工作，并为他出谋划策。霍布尔于电磁波实验的次年给赫兹的信中写道，可以利用电磁波的发射与反射来实现无线电通讯。深谋远虑的技术专家总是率先考虑科学发明和发现的实际功用，而科学家则总是无限地好奇于自然奥秘的本身，而不管它是否有用。赫兹的答复令霍布尔失望，他说如果要用电磁波进行无线电通信，起码得有一面像欧洲大陆那么大的巨型反射镜才行。赫兹通过计算得出的结论是没有错误的，他不知道地球包裹着一层电离层可以反射电磁波，电离层比欧洲还要大，是一面硕大无比的天然反射镜。赫兹的答复实际上否定了霍布尔认识到的无线电通讯的可能性。

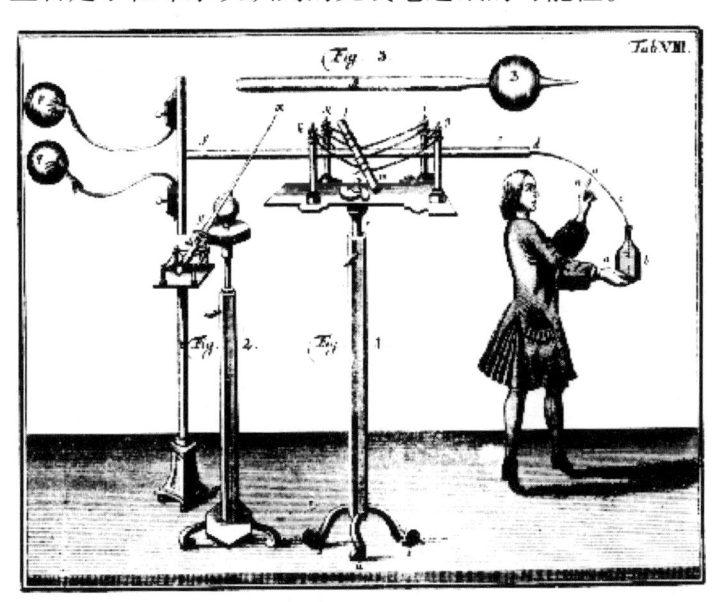

→ 莱顿瓶实验

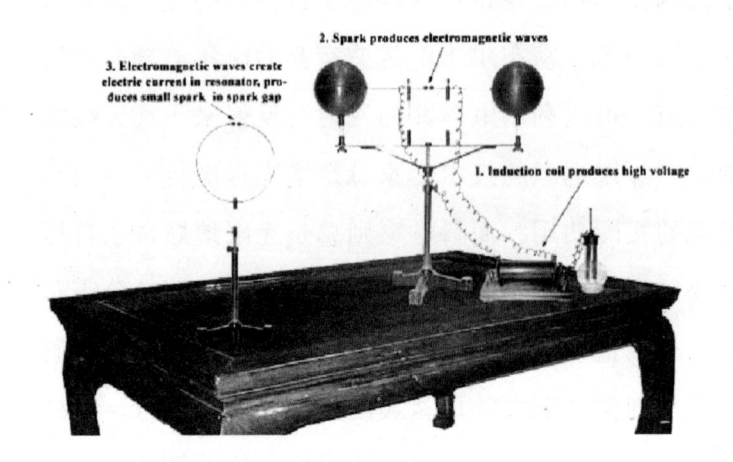

赫兹证明电磁波存在试验

　　1894年，年仅36岁的赫兹不幸病故。理论与实验俱佳的赫兹的早逝，是无线电事业不可估量的损失。

　　一个英雄倒下去，千万个英雄站起来了。从1888年以后，整整一批人受到赫兹实验的鼓舞，义无反顾地投入到无线电事业中。这一期间，探索"赫兹波"的应用成为最吸引人的重大研究课题。

　　第一个发展了赫兹研究成果的，是法国物理学家布冉利。1890年，他发明了金属屑检波器，这是一个利用金属矿石屑来检出电磁波波长大小的装置，利用它可以实现电磁波选择。同年晚些时间，布冉利利用金属屑检波器使电磁波的探测距离达到140米以外。

　　继此以后，1894年，英国皇家学会会员洛奇在布冉利发明的基础上，作了进一步的改进，他最先发现

无线电大王　**马可尼**

赫兹振荡器可以用来发射无线电波。这位动手能力极强的教授将金属检波器同继电器、打字机相连，组成一台电磁波接收机。利用这套改良后的装置，洛奇在数百米距离上进行了莫尔斯电码的无线传送。另一位英国海军军官杰克逊最先在海上进行了无线电电报实验。这些都属于开创性的努力。

在英文字典中，Communication 有两层含义。一是通信，一是交通。在电信技术诞生之前，通信根本离不开交通，因而这两种词汇含义合而为一就毫不奇怪了。在电信技术诞生以后，英文字典又出现了一个全新的字，即 Telecommunication 电信，它专门指通过电学手段来实现信息传递与交换。

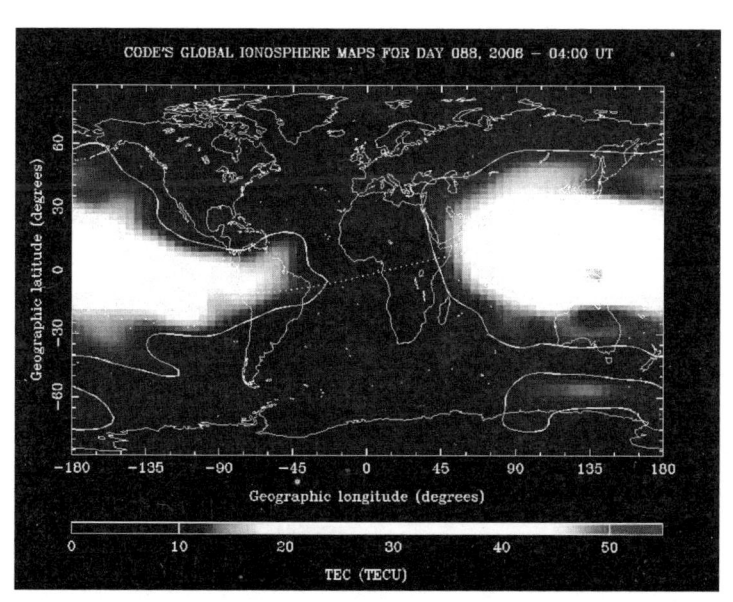

→ 电离层

科学家卷　019

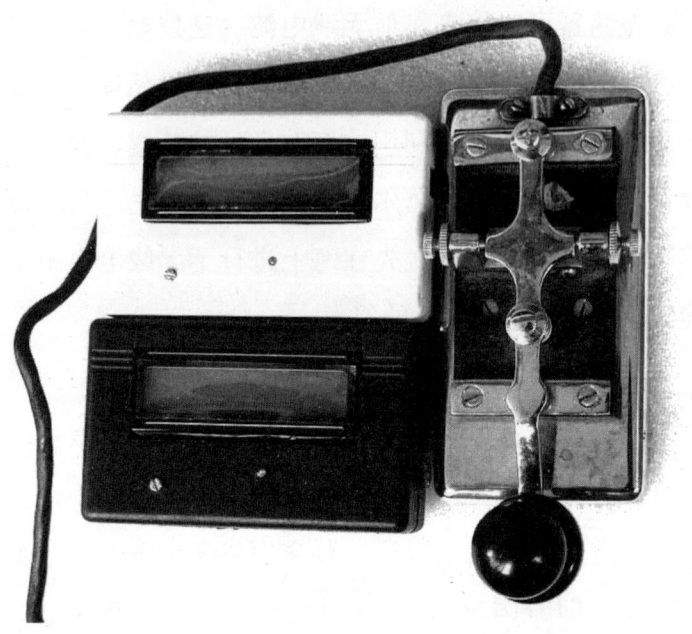

莫尔斯电码练习器

　　人们经常表扬某某人目光远大，其实质就是在别人没有认识到的时候而首先取得认识，即一种认识的超前。就在洛奇和杰克逊忙于无线电实验，并且为无线电信号太弱、金属屑检波器不灵敏而苦恼的同时，远在太平洋的新西兰岛上，卢瑟福这位来自乡村的大学生，选择了"赫兹波的研究"作为大学学士学位论文。23岁的卢瑟福正在新西兰坎特伯雷学院读四年级。他每天呆在学院主楼一间阴冷潮湿的地下室里，研究提高金属屑检波的灵敏度问题。身材高大、粗犷有力的卢瑟福出人意料地发明了一种新型的磁性检波器。它极大地提高了检波的灵敏度。1894年卢瑟福以优异的成绩获得理学学士学位。他关于磁性检波器的论文一在英国杂志上发表,就立即引起国际科学界的关注。

卢瑟福比洛奇小20岁,比马可尼尚大3岁,被人们视为无线电发明家新一代中最有希望的年轻种子选手。同一年,卢瑟福在一个工棚里进行了电波收发表演,人们为他的成就而喝彩。要知道对于19世纪末期的新西兰而言,它无异是英国主流社会之外的穷乡僻壤,而这里却做出了让牛津、剑桥都吃了一惊的成绩,人们怎能不为之欢呼雀跃呢。

一年以后,卢瑟福因获得奖学金而赴英国剑桥大学深造,随身携带了使他闻名于世的磁性检波器。但他并没有成为无线电发明家,而是为微观世界诸如原子核、电子之类所深深吸引,扔下磁性检波器钻入了微观原子世界茂密的森林,并最终成为20世纪最伟大的原子核物理学家,荣获1908年(比马可尼早一年)诺贝尔化学奖。

→ 欧内斯特·卢瑟福

在那个时代,几乎所有的物理学

家都曾经为"赫兹波"而激动。在向无线电事业进军的行列中，还有许多知名的或不知名的探索者。马可尼都把他们的论文登记造册，积极地汲取每一个人的研究成果。比如，德国斯特拉斯堡大学教授布劳恩也于1898年发明了无线电报，他的电报机第一个引入了具有调谐回路的装置，他同时也是最早使用方向天线的人，为此他与马可尼分享了1909年诺贝尔物理学奖。

可以说，从法拉第开始，经过麦克斯韦，再由赫兹、布冉利、洛奇、卢瑟福……，直到马可尼，无线电的发明是历史发展的必然产物，每一个人都兢兢业业做好自己那一份工作，整个研究集体就构成了一个巨大的合力。事实表明，无线电通讯技术决非哪一个天才独自一人的所作所为。

无线电大王　马可尼

翼羽初丰看雏鹰

> 立志是一件很重要的事情。工作随着志向走,成功随着工作来。立志、工作、成功,是人类活动的三大要素。立志是事业的大门,工作是事业的旅程,旅程的尽头有个成功在等待着。
>
> ——巴斯德

人们常说,骏马向往着草原,雄鹰渴望着蓝天。马可尼实现了室外无线电通讯之后,就如同一只羽毛丰满的雏鹰,渴望着广阔蔚蓝的天空。只有那里,才是他搏风击雨的用武之地,意大利亚平宁半岛的天空显得太局促、太窄小了。

19世纪初,维也纳会议后意大利分裂成8个国家,他们分别受到奥、法和教皇的残酷统治。意大利虽然曾经是文艺复兴的发祥地,但国家的四分五裂使社会发展受到重重阻碍,推翻异族统治,完成国家统一,成为意大利革命者的主要任务。

1831年,旅居马赛的意大利革命者马志尼等人,组成了"青年意大利"的革命组织,他们舍身救国,多次密谋举行起义,直到1846年基本处于彻底失败的状态。作家伏尼契的《牛虻》就是以这一场革命斗争为原型的艺术珍品。

此后,意大利又相继发动资产阶级革命,经过无数次流血牺牲,终于在1870年完成了全意大利的统一,教皇退入罗马城西北不到半平方公里的梵蒂冈,并被剥夺了世俗权力。1871年,意大利首都由佛罗伦萨迁往罗马。由于意大利的统一,是资产阶级民主派和封建势力妥协的结果,所以意大利革命彻底性极差,所有这些都阻碍了经济与社会发展的步伐。

马可尼诞生时,意大利刚刚统一不到3年。他20

← 美丽的意大利

无线电大王　**马可尼**

岁实现第一次无线电信号传送时，意大利的经济虽然经过20多年的休养生息，但同欧洲英法德等国家相比，尚存天壤之别。

　　1895年6月，马可尼制成了更加灵敏、更大功率的电波传递接收装置。他所使用的发射装置，是经由李奇老师改进的电火花隙振荡器。接收机与俄国物理学家波波夫发明的很相似，还有洛奇的金属屑检波器、电铃、电池、天线。马可尼的成功，就在于他善于博采众家之长，因而最终成了无线电事业不容置疑的集大成者。

　　秋天，是收获的季节。马可尼也实现了相当长距离的通讯。实验的进展使马可尼万分高兴，但由于父亲坚决反对马可尼研究什么远距离通信，而缺少继续做实验的经费，他捉襟见肘了。于是勇敢无畏的马可尼写信给意大利邮政部长要求予以资助，可在当时的意大利官僚们看来，

→著名的意大利政治领袖马志尼

一个不足22岁的北部小伙子搞起了稀奇古怪的玩意，却还要求政府的资助，这简直是开玩笑。

无独有偶。几乎与马可尼申请意大利政府资助同时，俄国的波波夫也第一次向沙皇政府申请拨发实验经费，经办此事的海军部长竟愚蠢地批示道："对于这种幻想，不准拨款。"

父亲的冷嘲热讽，邮政部的置之不理，都不能改变马可尼的决心。最后，在母亲的支持下，马可尼前往英国找舅舅帮忙。

1896年，22岁的青年马可尼在威尼斯踏上了开往伦敦的邮船。整个航行中，旅客们看到一位眉清目秀像个怕羞少女似的年轻人，寸步不离一只大箱子，那里装着他发明的无线电收发装置。

马可尼一登上英国国土，就如同登上了无线电发明史的历史舞台，从此开始了他那无怨无悔起伏跌宕的人生征途。

← 《牛虻》

无线电大王　马可尼

伟大的牛顿的祖国没有辜负这位意大利青年。不久，他的发明就获得英国专利，时间是1896年6月2日，专利号码为12039/96。当时的英国政府，工作颇有效率，马可尼到英不到一年，就办理了发明专利。认真负责的专利局官员还给了马可尼一张名片，建议他去找英国邮电总局的总工程师普利斯博士。

普利斯博士当时是英国电信界的权威，曾多年研究无线电通信。他已看过《英国电气技师》杂志上刊登的马可尼申请专利的简报，对马可尼的发明深为叹服，当得知马可尼在英国的消息后，不由得慕才若渴。马可尼也早就知道普利斯的大名。两个人都渴望见到对方。普利斯派了很多人到各家旅馆去寻访。

→梵蒂冈

终于，一天中午，一位手提大箱子的英俊青年登门拜访了。马可尼坚持说"我是无线电报的业余爱好者"。他的谦逊和流畅的英语口音，使博士大为满意。

←马可尼

马可尼在普利斯博士的办公室里表演了无线电通信实验。小伙子灵巧地摆弄着电报机，见多识广的总工程师已经被他迷住了。他看见年轻人的机器相当粗笨，里边的部件也是司空见惯的东西，可是经过年轻人巧手一摆弄，却实现了他梦寐已久的无线通信，普利斯博士由惊叹不已到赞不绝口。博士说：

"人人都认识鸡蛋，只有马可尼知道怎样才能把鸡蛋立起来！"

普利斯博士识人善任，他立即决定聘请马可尼留在邮电总局里工作，支持他继续实验。马可尼遇到普利斯博士真是三生有幸，他赏识马可尼的才华，支持他的实验，而且还设法为马可尼争取政府的资助，甚至处处为扩大马可尼的社会知名度而工作。

1896年12月12日，普利斯举行无线电报方面的科学讲演，听众踊跃。讲演渐入高潮时，普利斯博士嘎然而止，众人寂静之中，普利斯意外地宣布了一个消息，有一位年轻的意大利发明家马可尼先生，来到我们当中，他带来了一套全新的电报装置，可以不用导线，而通过赫兹波进行远距离通信。

19世纪末20世纪初，科学技术的新发现层出不穷，激动着众人的心。大家十分热衷于新奇的东西。

很快，听众喧闹起来。人们面面相觑地猜测哪一位是马可尼。当普利斯把一直坐在旁边听讲的马可尼介绍给大家时，许多人惊讶地倒抽了一口凉气。有人

→ 伦敦美景

轻声说，他还是一个孩子吗！看来普利斯博士有点老糊涂了。

马可尼不慌不忙地取出两个形状普通的大盒子。一个装着发射机，另一个装着接收机，盒子外侧两条水平铜片，权作接收天线，盒子中心是一个电铃。

← 马可尼在展示他的无线电报机

马可尼知道英国社会的科学讲演是至关重要的，弄得好可以名震天下，弄得不好也可能身败名裂。在英国，科学讲演的传统始于玻义耳、牛顿时代，当时的皇家学会会员们就是通过讲演来由大家评判真伪高下的。后来，著名的科学讲演人汉弗莱·戴维就是一位名震英国的大人物，由于强烈的公众效应，当戴维有病时，不仅国王亲自派去了御医，而且官方每日出公告公布戴维的病情记录，十分盛隆。也有的科学家从讲坛上下来，就被人们唾弃，从此一文不名，连找一个好一点的工作都困难。

面对绅士淑女云集的讲演大厅，马可尼开始有些紧张，但当想起母亲早年讲过的科学讲演的轶闻趣事

无线电大王　**马可尼**

← 汉弗莱·戴维

时，很快便松弛下来，后来就应付自如了。

马可尼将两个盒子分别放在大厅的两个角落，找来一个自告奋勇的听众当发报员，自己守在接收机旁。当发报人按下电键时，马可尼面前盒子上的电铃立即发出响声。为了反复验证，马可尼带着盒子，在会场各处走动，让每一位观众亲眼目睹、亲耳聆听。每一个观众都听到了铃声。整个讲演大厅顿时沸腾起来，普利斯博士带着欣慰的笑容望着忙碌的年轻发明家，陶醉于自己的识人能力。

通过普利斯一系列类似的努力，来自遥远意大利的年轻发明家被推荐给公众。

整个英国都知道了马可尼和他的无线电报。

首先，在普利斯的大力倡导下，英国邮电局对于马可尼的初期研究，给予了许多慷慨的支持。马可尼不负总工程师之望，1897年首先在南威尔士越过布里斯托尔海峡，至索美塞得丘陵高地之间，进行了通讯实验表演，收发报之间的直线距离已达15公里以上。

此时，志得意满的马可尼已经到了废寝忘食的地步。1897年5月间，马可尼的无线电通讯又有了突破性进展，实现了从海岸到船只等活动目标之间的实用化通讯。

无线电发明在逐步完善，社会各界也在逐步意识到无线电通讯的重要价值。在所有人中普利斯博士总是站在前列。他本人虽然没有研制出无线电报，但他确实了解无线电通讯的社会价值。可以说，是他扶植和帮助了马可尼的成功。这时，他又鼓励马可尼将无线电发明产业化，为社会服务。普利斯博士的远见卓识，使他成为无线电发展史上的一名功臣。

1897年7月，马可尼在伦敦以集股投资的形式，

← 南威尔士风光

无线电大王　**马可尼**

成立了无线电报信号公司。普利斯博士亲自动员各界股东投资，并投入了较大的资金，积极参与公司业务，推举马可尼担任公司董事长；了解马可尼的伦敦各界公众也纷纷投资入股，很快公司注册营业。

1897年，是马可尼最成功、也是最繁忙的一年，他几乎成了整个欧洲的知名人物。意大利政府得知这一情况，也不再像以前那样轻视马可尼了，并通过意大利驻英使馆盛情邀请马可尼回国。

马可尼回到意大利，意大利国王、王后接见了青年发明家，并且兴致勃勃地观看了他的通讯表演。为

→ 马可尼毫伏表

←马可尼雕像

了发展祖国的无线电通讯事业，回国不久，他就为意大利建立了一座陆上无线电通讯电台，通过调试，与意大利军舰的通讯距离延长到近20公里，堪称当时超一流的无线通讯电台。

　　同年，马可尼重返英国。因为英国有良好的科学传统，政府重视科学发明，良好的社会环境吸引着他，同时改进无线电通讯的工作及公司业务和经营也需要他。

相关链接
XIANGGUAN LIANJIE

马可尼公司

马可尼公司由英国三家著名公司合并而成。这三家公司分别是马可尼无线电报公（Marconi's Wireless Telegraph Company）、英国电气公司（English Electric Co.）和通用电气公司（The General Electric Co.Ltd.，简称GEC）。马可尼无线电报公司成立于1897年，原名为马可尼无线电报与信号公司，是英国第一家专门制造无线电器材的公司，1922年创建了著名的英国广播公司（BBC）。1946年被英国电气公司收购；英国电气公司成立于1918年，初始主要生产小型马达和交流发电机，后业务扩大到生产蒸气涡轮机、水涡机、变压器、柴油发动机以及军用涡轮发动机，二战期间为英军方提供了许多军用发动机。二战结束后，该公司为了扩大工业方面的业务，于1946年收购了马可尼无线电报公司；GEC成立于1886年，原名为通用电气设备公司（General Electric Apparatus Company），是一家电气产品批发商，1888年收购一家生产电话业务的工厂后改名为GEC公司，主要业务是生产各种类型的电灯泡及电灯开关。随着电气产品的普及，该公司不断壮大，其业务遍及世界各地。在二次世界大战期间，GEC已成为军用电气产品的主要供应商，提供的产品包括雷达空腔磁控管、照明设备及通信设备等。1961年GEC兼并了无线电联合工业公司（RAI），1967年收购了联合电气工业公司（AEI），1968年又与英国电气公司合并。至此，三家公司正式成为一家公司。20世纪90年代，GEC进行一系列的改革，并向欧美的同行展开了大规模的收购：1994年5月，收购了弗伦蒂国际公司的核心防务与仿真业务——弗伦蒂防务系统综合和仿真与培训业务；1994年7月，收购了弗伦蒂公司的电子战业务；1994年11月，收购了弗伦蒂-汤姆逊声纳系统英国公司（Ferranti Thomson Sonar System UK Ltd.）50%的所有权，该项收购使GEC公司重新进入了英国两个主要的声纳计划，其中之一是EH101直升机的声纳系统计划；1995年，GEC收购维克斯公司的造船业务；1996年5月，GEC又以1.1亿美元的价格收购了美国的Hazeltine公司，这是一个在导航系统、反潜艇战系统和CSI系统上领先世界的公司。从而使GEC的业务领域遍及军民用各行业，在整个欧洲的航空工业的重组与合并的进程中起着重要作用。

无线电大王　马可尼

云游万里片刻钟

> 海内存知己，天涯若比邻。
> ——唐诗
> 你要记住，永远要愉快地多给别人，少从别人那里拿取。
> ——高尔基

无线电公司成立运营不久，在普利斯博士的举荐下，马可尼承建了第一座具有商业实用价值的无线电台。电台位置选在怀特岛。取名尼特，其词原意为虮子卵及幼虫，一寓其弱小，二寓其幼稚而有无限发展前途。

马可尼征得公司其他人的同意，把绝大多数资金投入艾伦湾尼特电台的建设，并接受普利斯博士的建议，进行商业性广告宣传。马可尼发明的传奇神秘，再加上商业宣传攻势，使人们纷纷关注尼特电台的建设。电台竣工，许多政府官员和社会名流乃至一般绅士淑女，都乘船跨海来怀特岛参观。

人们如此关心通讯事业，这和英国经济与社会发展状况分不开。英国人曾经为信息吃过苦头，也有人为此大发横财。

在英国，无人不晓得罗斯柴尔德家族的名声。老罗斯柴尔德和他的5个虎子，几乎攫尽了欧洲的财富。连一些王公大臣或是一些国王都向罗氏家族借贷。拿破仑战败滑铁卢时，小罗斯柴尔德曾利用信鸽、快马和有线电报等手段，预先几个小时知道战况，同时在伦敦股票债券市场大量收购，事后大发横财。几个小时的信息传递速度差距，就使许多财主险些倾家荡产，他们此后怎么敢不重视通讯的作用？

英国人很早就重视通讯建设。1853年汤姆生即后的开尔芬勋爵从理论上论证了"莱顿瓶"放电的振荡

← 滑铁卢古战场

无线电大王　**马可尼**

→罗斯柴尔德家族在法国的豪宅

特性，定量地推导出汤姆生公式，极大地推动了有线电报的发展。

1858年，在开尔芬勋爵亲自指导下，经过多次失败，终于将横越大西洋的海底电缆敷设成功。该年8月5日，人类的第一份电缆电报穿过茫茫大西洋海底，到了美国。第一个发报人就是开尔芬勋爵。当时，英国女王维多利亚与美国总统布坎南曾经相互拍发了祝贺电报。

直到1886年，开尔芬勋爵还在率领大队人马和船只忙于敷设电缆。

直到马可尼建立第一部电台时，英国有线电讯网基本上已经覆盖全球。英国电缆电信公司已经是获利丰厚、雄踞全球的信息通讯霸主了。

由于电缆通信技术日益成熟，而且全球已铺设近百万公里的电缆，通讯权威们不欢迎无线通讯的出现，同时还有许多人对无线电报能否实用表示怀疑。据说连深知无线通信意义的开尔芬勋爵都曾说："无线电报通信，这很好呀。不过我宁可相信'一个孩子和一匹马'！"

人们来到怀特岛参观马可尼无线电台，只是想先睹为快，电缆电信公司更把马可尼公司视为潜在的竞争对手，多方侦察。

有一天，73岁高龄的开尔芬勋爵也耐不住寂寞莅临怀特岛。这位大西洋海底电缆通信的创始人，虽然以前曾对无线电表示过怀疑，但事情过去只有一年，在怀特岛电台机房里，他就愉快地给普利斯等

← 梅耶·罗斯柴尔德

老朋友拍发了电报。电报拍完后，名震天下的开尔芬勋爵从口袋里掏出一先令硬币交给报务员。所有在场的人都觉得诧异，年轻的报务员也以为这位睿智的勋爵在开玩笑，所以执意不收。开尔芬勋爵笑了笑说："这是拍发这些电报的费用，它标志着商用无线电报的开始。"他坚持一定要付款，而且神情激动，电报员收下了这不平常的一先令。这是世界上第一次收费的无线电商业电报，而拍发它的人恰恰是长途有线通信的奠基人开尔芬勋爵。

这是多么富有历史象征意义的一次付费呀！

马可尼公司从此开始有了比较稳定的收入，社会知名度和商誉也日益扩大。1898年7月，马可尼的无线电报系统全面投入商业使用。为了扩大无线电通讯的知名度和商业宣传，马可尼公司承担为爱尔兰都柏林《每日快报》报导帆船比赛实况。无线电及时、准确的报道吸引了广大读者，帆船比赛期间报纸发行量骤然上升，合作双方都取得了满意的效果。

马可尼把无线电通讯的发展重点放在海运上，他极为注重运动物体与基地的通讯联系。船只与港口之间的通讯，成了马可尼业务开展的主要领域。1898年12月，马可尼在英国英格兰南端海岬处灯塔与一艘灯船之间建立了无线电报联络系统。这艘灯船第二年3月同另一艘邮船在海上相撞，幸亏机灵的报务员及时将出事消息发到南海岬灯塔处，陆上机构立即派救生艇赶到出事地点，救起全部遇难者。这是马可尼无线电报系统首次参与海上救难。

无线电的功用日益受到人们的重视，一片赞扬声

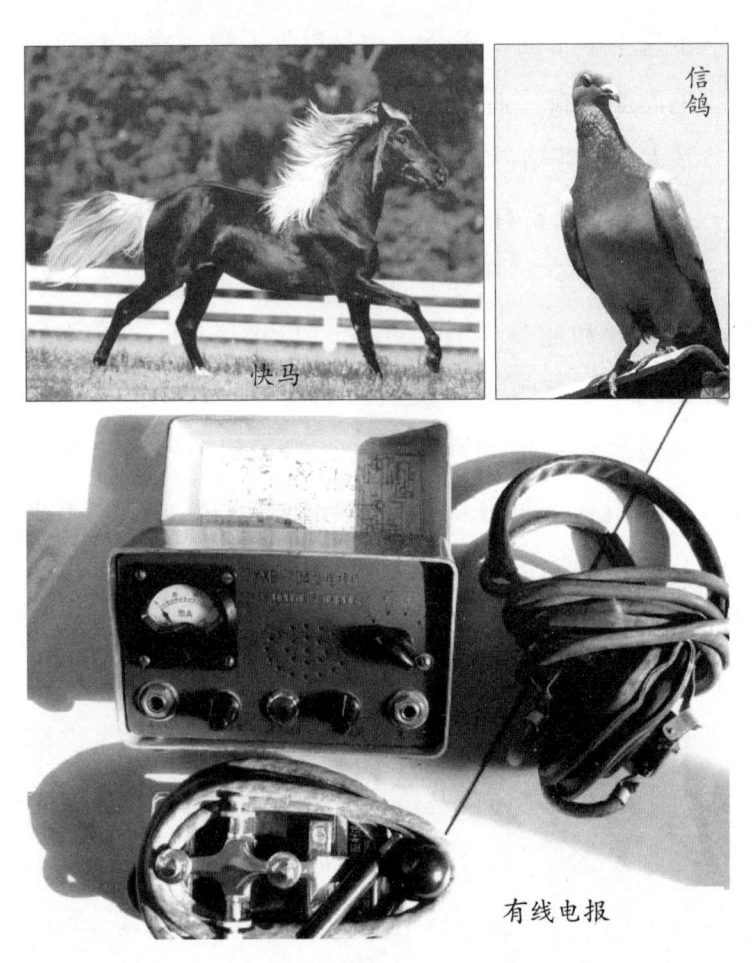

快马

信鸽

有线电报

鹊起。马可尼没有沉醉在社会赞扬声中，他的目标更大更远。首先，他要征服英法海峡两岸的无线电通讯难关。

英国和法国隔海相望，两国中间夹着一条最狭窄处不过45公里的多佛尔海峡。然而，这条海峡却使英法两国产生了许多隔膜，带来了许多困难和不便，无线电电报与有线电报一样，都把征服多佛尔海峡，看成是一个重要里程碑。

1899年盛夏，马可尼成功地实现了英法海峡两岸的无线电联络，再次刷新了无线电通讯的记录。这一成功在当时颇为轰动，英法各报都用头版作了报道。

7月，马可尼公司的无线电报首次在英国海军演习中使用，其实用性和效果受到海军人员的交口赞誉。随后，英国皇家海军部与马可尼公司签订了一项合同：

→ 怀特岛

次年为英国皇家海军装备28艘军舰和4个陆上通讯站。这是自1897年马可尼公司成立以来获得的第一个重要合同。

这个合同对于马可尼公司来说，是对经营能力、建设安装能力和资金融通能力的考验。购买军舰电报设施的资金一到位，马可尼公司立即实力大增，添置了一大批精密仪器、测验设备，从此进入了一个崭新的阶段。完成这批合同以后，马可尼公司在电报设施制造与研制方面，就真正成了名符其实的白天鹅。

1899年9月，马可尼应邀访问美利坚合众国。他一登上开往美国的邮船，就开始了无线电新实验。他用随船携带的无线电装置报道了在美国近海举行的国际快艇比赛。

美国人给这个"无线电报大王"以最热烈的欢迎。那情形简直和拿破仑得胜班师通过凯旋门差不多，这使马可尼一下子就爱上了美国。

← 英国女王维多利亚

无线电大王　**马可尼**

归途上，马可尼将无线电报设备装在所乘坐的"圣保罗号"船上。船长是一位执迷狂热的无线电报爱好者和研制者，他给马可尼提供了十分完备的制造工具和零件，于是马可尼又将设备改进一番。

圣保罗号像一艘无线电发报船一样，始终向怀特岛及皇家海军陆上通讯站发送联络信号，可是寂静无声，当船驶过大西洋驶进英国领海的外海时，马可尼成功地同106公里以外的尼特无线电站建立了通讯联络。无线电讯号第一次突破了100公里的传输距离！航海日记上记载的时间是1899年11月15日。

电磁波到底能够传输多远？马可尼决心以自己的实际工作来弄清这些问题。

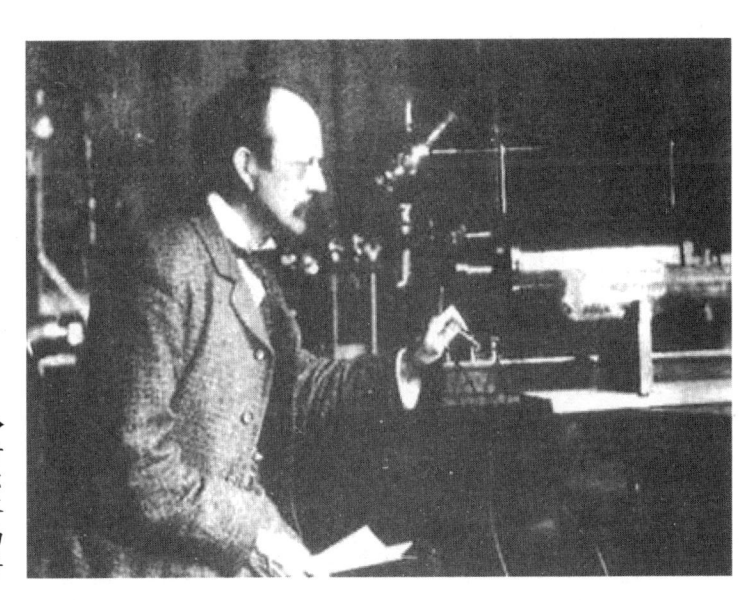

→ 开尔芬勋爵

←马可尼号上的两位无线电操作员

　　通过进一步的实验，马可尼发现要想增加电磁波的传输距离，必须分别在传输功能和高频率方面取得突破性进展，他决心以横跨大西洋的无线电报通信为20世纪献礼。

　　马可尼准备横跨大西洋进行无线电通讯的消息，很快弄得科学界和邮电界沸沸扬扬。当时许多权威的专家认为电磁波像光一样是直线传播的，要使它绕过地球的弯曲表面而横越过3300多公里的大西洋是不可能的。一直是马可尼公司业务竞争对手的大西洋电缆通信公司也散布类似言论，企图动摇马可尼的意志，使他放弃横跨大西洋的实验。

　　面对业务上竞争伙伴的挑战，面对科学界的议论和告诫，马可尼自己有一套独立的见解。

无线电大王　**马可尼**

他太熟悉电磁波了。还是在波伦亚庄园的时候，他就多次进行过电磁波通过阻碍物的实验。那是一个夕阳即将落山的傍晚，马可尼被一座小山挡住了视线，他望不见自己的小阁楼了。电波能否穿过障碍物？为了解决这个问题，他几乎整整忙活了一个秋天。马可尼不仅扩大了无线电传输的距离，而且确证无误地表明，电磁波可以穿过障碍物。

在马可尼的心中，电磁波是以神奇的"光以太"作为传播媒介的，而自然界到处充满着光以太，即使是地球弯曲的表面也无法阻挡电磁波的传递，接与收之间无非加上了一座更大的山丘，然而山丘与无线电之间的关系，马可尼是十分熟悉的。

从现代角度看，马可尼的观点是错误的。电磁波横跨3300公里，穿过地球弯曲表面完全是电离层反射

→多佛尔海峡

←马可尼来到英国考察

的结果。然而，马可尼没有拘泥于无线电的一般理论。

他执着地相信，电波一定会跨过大西洋。

马可尼决心独辟蹊径，闯出一条路子来。

马可尼将人马分成两路。一路在英国普尔杜建立了一座大功率发射台，采用了当时最先进的10千瓦的音响火花式发射机。马可尼时代的无线电收发装置还处于婴儿时期，连电子管放大电路、超外差式接收电路都还没有发明使用。马可尼却用简陋的设备创造出了奇迹。

建立普尔杜发射台耗资数万英镑，几乎是马可尼公司近几年的全部赢利和家底。让信号飞越宽阔的大西洋，连很多内行都认为难以实现，众人断言办不到

无线电大王·马可尼

→ 马可尼

的事情，马可尼偏要认真去实现它。

马可尼耐心十足地说服了股东们和投资者们，铺平了建立欧洲和美洲间无线电通讯计划的道路，资金很快投向普尔杜工地。要知道这可是世界上最大的无线电发射台，仅在施工过程中就解决了一系列技术性难题。例如，马可尼早期采用的发射装置，类似于赫兹的实验设备，这样发射的电磁波频带相当宽，相邻频率的两个发射装置会严重干扰。在普尔杜施工过程中，马可尼利用洛奇1897年以前发现的"调谐原理（使发射和接收线路对同一频率共振，这样发射的电磁波频带就比较窄，而接收器对窄频带的电磁波接收比对其他频带要敏感）"解决了这个问题。同时，在电报天线技术上也有很大的突破。

1901年冬天，一切准备就绪。普尔杜发射台的强大信号，许多皇家海军舰只都极其清晰地接收到了。好兆头，一切海陆试验都带来了好兆头。

11月26日，马可尼在两名助手的陪同下，告别了普尔杜的同伴们，乘上"撒丁号"轮船从英国利物浦启航，驶向英国的自治领地纽芬兰岛。

11月底，伦敦和利物浦的人们都穿上了厚厚的皮棉衣，人们最惬意的事就是围坐在壁炉一侧，品饮着来自印度大吉岭的名茶。

然而，马可尼却扑向了风雪迷漫的大西洋……

←马可尼

相关链接

开尔芬勋爵

W·汤姆逊,即开尔芬(1824~1907)是英国著名的物理学家,他的原名叫威廉·汤姆孙。他从小热爱数学,小时候就随其父亲在格拉斯哥大学旁听数学课,表现出天资聪明。后来他考入了剑桥大学,于1845年毕业,由于成绩突出获史密斯奖章。第二年他回到自己的母校格拉斯哥大学,并应聘为该校的教授,在这里任教53年。他是伦敦皇家学会会员,法国科学院院士,并担任过5年皇家学会会长。由于他在科学和工程上的成就,被封为开尔芬勋爵。从被封后他就改名叫开尔芬。后来他的很多科学成就和发表的论文,都是以开尔芬的名字提出和命名。

开尔芬是杰出的理论物理和实验物理学家。他在电磁学和热学方面都取得了很大的成就。他用莱顿瓶的振荡实验推导出了电磁振荡频率的公式;设计、制造了很多非常有价值的电磁学测量仪器,如静电计、镜式电流计、双肩电桥等,这些仪器为电磁学的科学实验提供了条件。为了航海的需要。他改进了航海罗盘,制造了潮汐预报器和潮汐分析器。

开尔芬领导完成了从爱尔兰到纽芬兰的海底电缆铺设。这一伟大的工程,使他出了名。

在热力学方面,他创立了热力学温度,目前已成为国际单位中测温的基本单位。他还是热力学第二定律的奠基人之一(另一人是克劳修斯)。他在热电效应方面也取得了很大的成就,他和焦耳合作研究气体通过多孔塞后温度发生变化,提出了"焦耳—汤姆孙效应",这一成果成为以后制造液态空气的理论根据。

开尔芬不仅在科学上取得了很多使人佩服的成就,同时他还有很值得人们学习的科学研究的思想、态度和方法。他很重视实践,能把理论和生产、工程结合起来,把教学、科研和生产建设联为一体;他尊重别人的研究成果,善于与别人合作,并能使自己的学生也参加到自己的科学研究中去;他谦虚、谨慎,不怕前进中的困难和失败,始终保持致力于科学事业的乐观精神。他一生中也提出过很多"失败"的见解和理论,但他不回避自己的错误,而是从中取得经验教训。

无线电大王　马可尼

信号飞越大西洋

> 研究学问，必须在某处突破一点。
> ——马克思
> 只有把全副身心投入进去，专心致志，精益求精，不畏劳苦，百折不回，才有可能攀登科学高峰。
> ——邓小平

除非你有紧急的事情，否则绝对不要冬季出海远洋航行，那可是一件特别特别苦的苦差事。你想，天气奇寒，甲板上常常结着厚厚的一层冰，站在上层甲板上，刺骨的寒风一会儿就使你冻僵；跑到下层甲板上，撞击船舷的浪头激起的水滴会使你如同披了坚硬的冰甲；呆在狭小闷人的船舱里简直会让人发疯……

从利物浦到纽芬兰的圣约翰斯港，顺风可以11天到达，逆风需要13天到达。十几天的航程平淡无奇，马可尼和助手们住的是上等舱，透过舷窗可以望到白浪滔天的大西洋。此时此刻马可尼不由得心潮起伏。他深深地知道他们正在进行一次具有历史性的航行。

45年前，勇敢的开尔芬勋爵沿着这一航线，敷设了大西洋第一条海底电缆。

那时，为了敷设一条跨洋电缆需要付出多么多的汗水和牺牲啊。记得开尔芬勋爵回忆到，首次敷设到330海里时，电缆意外地断了，沉入茫茫大洋底；第二次铺设比较顺利，但使用不足月余，便出现严重故障，最后只好废弃；第三次架设新型电缆又意外折断，坠入3700米的海沟，当铺缆船返回出发地时，人们看见了坚强无比的开尔芬眼睛里流出的悲伤泪水。第四次铺设终于成功了，从此欧美大陆以莫尔斯电码紧密地连接在一起。

马可尼相信，如果第四次失败，开尔芬还会有第五、第六次……

今天，马可尼是去开拓一个新的领域，它的成功将成为人类通讯史上更伟大的壮举，但也可能将使开尔芬勋爵们的努力付之东流。无线电报到处都在取代着有线电报，在开尔芬手上开放的有线电报之花，正在日益凋谢。

←开尔芬勋爵

一想到这里,马可尼不由得怅然不已。

马可尼经过10几天的航行,于12月6日星期五到达纽芬兰港城圣约翰斯。马可尼几乎以冲刺的速度离开码头,跑到预先选择好的地点。经过马不停蹄的工作,抵达纽芬兰的第三天,所有的实验准备都已经就绪。

12月11日,马可尼指挥助手和几个工人开始架设了天线。能否接收到普尔杜发射台的无线电信号,关键是天线的高度,马可尼先决定使用气球。由于天线很长,相当沉,他们就使用了一只直径4米的充满氢气的大气球。气球带着人们的希望,缓缓升上了天空。但是当气球升到30多米高时,晴朗的天空中突然刮起

→ 大西洋海底电缆

←圣约翰斯

大风,气球与大风经历了几番搏斗,不情愿地被大风卷走,竟然朝着欧洲的方向飞去。第一次试验还未开始就失败了,好不晦气。

马可尼却毫不气馁,他又拿出了第二套方案,改用风筝把天线拉上天空。马可尼早在儿童时代,就对富兰克林用风筝引下闪电的事情,了解得一清二楚。在布里斯托尔海湾实现长距离通讯时,使用的天线就是用放飞的风筝。当天上午,他们赶制好一只正六边形的大风筝。他们奔跑着,想把风筝放飞到碧空,昨天大风紧吹,今天却一丝风也没有,沉重的风筝怎么也飞不起来,操纵风筝的人累得几乎吐了血,好不辛苦!

接近中午时,从遥远的戴维斯海峡吹来一股寒冷气流,与北上的热气流汇聚,形成一阵大风,真是天

无线电大王　**马可尼**

→ 大西洋

道酬勤呀。经过一阵紧张的放飞操作之后，风筝牵引着天线升了起来。马可尼的助手详细计算着天线的高度。

50米，70米，100米，终于升到了原先预计的130米左右。天线下端固定在一根粗大的电线杆上，并借助一根引线从窗户引入医院内的接收机房。

风筝在大风中飘忽不定左右摇摆，但终于被无畏的人们控制住了。时间仿佛很缓慢地流逝，马可尼揪心地停留在接收机旁，他望着窗外铅灰色的浮云，期待着。他仿佛看到了电磁波正从普尔杜出发，正向纽芬兰飞来……

马可尼曾经亲自记载了他当时的激动心情，他写道：

"关键的时刻终于来到了,我为给它铺平道路先后做了6年持续而艰巨的工作。来自各方面的批评和困难从未使我动摇过。我即将检验我的理论判断的正确性,证明马可尼公司和我已获得的300余种专利。为了实验和在普尔杜建造大功率无线电台,我们花费了数以万计的英镑,这笔钱是不会白花的。"

距离预定的通讯时间已经进入了倒计时。实验室外的天空上乌云翻滚,风筝上下翻飞,天线时而松弛,时而被扯得直响,随时都有断裂的危险,几个略知内情的帮工纷纷在胸前划起十字来。

成败在此一举。

事先为了万无一失更有把握,马可尼没有采用以往实验中的莫尔斯电码记录仪作为终端,而改用美国发明家贝尔的电话机来直接收听金属屑检波器的输出信号,因为经过实验,人们发现人的

← 贝尔

无线电大王　马可尼

听觉比记录仪灵敏多了，这一个事实肇始于波波夫，马可尼大胆采纳了。事实上，贝尔电话机的听筒可以对微小的振动特别是微电流转化的振动十分灵敏，马可尼相当于为自己的金属屑检波器的输出信号上加上了一个扩大器，从而提高了接收信号的灵敏度。

1901年12月12日，中午12时30分，到了预定的通讯时间。

那边，普尔杜发射台工作人员开动强大的发射机，向美洲方向发射电磁波，按照预先的规定，每隔几分钟发出一组电码……

这边，纽芬兰的马可尼和他的助手们屏声静息地等候着。秒针刚刚跳到12点30分，电报键突然发出尖锐的"咔哒"声，表明有信息来了。

↑马可尼当年就是在这里发出了跨越大西洋的电报

马可尼仿佛不相信自己的耳朵，他听了几声咔哒声，才抓起听筒，紧张地聆听着，脸上涨红了，心跳明显加快了，手里的电话机听筒已经湿津津的。

调谐，匹配，滤去干扰，……成功了。一组莫尔斯电码中的"3点短码"即"的哒"声在马可尼耳畔响起。千真万确！这就是来自大西洋彼岸的信号。马可尼怀疑自己处于幻觉之中，在一瞬间他几乎不敢相信这是事实，因为他的心情太迫切了。

马可尼把听筒递给了助手。助手也兴奋地证实说，这是他们的信号，3点短码。

3个微小而清晰的"短码"，代表着字母"S"。这是马可尼和普尔杜发射台预先约定的。S代表着阳光（Sun）、成功（Success）、芬芳（Sweet）等等一切美好的东西。它穿过3000多公里宽的大西洋，来到了美洲，被马可尼接收到了。望着助手译好的电文，27岁的马可尼流出了喜悦的热泪。

天空上，随风翱翔的风筝可以作证，马可尼成功了，不用电缆进行横越大西洋通讯的时代已经不远了。

为了纪念实验成功，马可尼和助手们在门外合影留念。早已等得急不可耐的记者们，纷纷笔走龙蛇地撰稿，他们跑向有线电缆通讯台，用莫尔斯电码报道"马可尼跨洋无线电通讯实验获得成功"。他们争先恐后地使用有线电报，用不了多久，他们就要潮水般地涌向无线电了。

美洲轰动了，欧洲轰动了，全世界轰动了！

一个看不见、摸不着的小小电信号，不假任何媒介，越过大西洋，实现远距离通讯，简直不可思议。

轰动新闻传开后，欢呼和赞叹者有之，怀疑嘲讽者有之。人们常说，你受到多少赞誉，就会受到相应的多少诋毁。别有用心的人更有之。

英国《泰晤士报》接连发表文章，积极正面宣传介绍马可尼实验及其意义，并给予很高的评价，匡正了社

→《泰晤士报》

← 思索中的马可尼

会风气，从舆论和道义上给了马可尼以力量和勇气。

马可尼与《泰晤士报》从此结下了深厚的友谊。1903年春天，《泰晤士报》第一次通过无线电传送美国新闻，每日的最新消息，当天即可见报，从而扩大了报纸的时效性。现代化通讯手段使《泰晤士报》从报业中脱颖而出，成为对世界影响最大的报纸之一。

谁支持了科技创新和发明，谁就从其中享用科技的馈赠，谁就立于成功之地，这就是真理。

在马可尼纽芬兰实验成功之后，英国一些电缆电报公司纷纷感到了竞争的巨大压力。商业竞争往往是不择手段的。一些怀有敌意的报刊，显然是领取了某些公司的津贴，纷纷跳出来反对马可尼，无数莫须有的不实诬陷之词，像血雨腥风一样朝马可尼袭来。对

无线电大王　**马可尼**

于这段经历马可尼说："当时这个国家某些权威的技术报刊是反对我的，他们不遗余力地怀疑我以及我在长距离无线通讯上的工作。《泰晤士报》却相信我，并且迅速和有力地抨击那些守旧派。无线电自1901年后已有巨大进步，而我常常纪念着早年的日子，深深地感激那些非常友好的鼓励和支持，它使我知道像'泰晤士'这样一个大报是相信我的，这给了我勇气和力量。"

马可尼没有被技术难关吓倒，却被可恶的社会舆论弄得不堪其扰。看来，创造一个扶助技术发展的社会氛围是十分必要的。

纽芬兰实验的成功使马可尼冲过了无线电通讯的隘口。这时候，不仅各国相继建立了陆上电台，成百上千艘行驶在各大洋的邮船，也纷纷采用马可尼无线电装置。

马可尼并没有制造一面和大西洋一样大的镜子，电磁波为什么到达了美洲呢？后来，1902年印度人肯内利和英国海维赛德分别发现了电离层的存在。它像镜子反射光线一样，把无线电波反射到了美洲大陆。

无线电事业像春风野火一样，迅速普及到全世界。英国、意大利、加拿大、美国、德国、比利时、刚果等许多国家的海岸、要塞都装备了马可尼的无线电台。

马可尼的工作成为全球性的事业。

← 马可尼和他钟爱的无线电发报装置

无线电大王　马可尼

无线电事业的"双子星"

> 友谊应当是不朽的。
> ——莱特·李维
> 无线电广播有一个能把各国联合在一起的独特作用。
> ——爱因斯坦

碧蓝的星空中,人们抬眼望去可以发现一个有趣的星相,两颗星辰彼此守护着,互相依偎着,虽然相隔遥远却形影不离地共存着,人们把这类星辰,称为"双子星"。浪漫的诗人常把他们比做白头偕老的夫妻、情同手足的兄弟或共享母爱的双胞胎。人类生活的长河中也有这样的情况,马可尼与波波夫就是一对明亮的双子星。

马可尼与波波夫两人的工作经历十分相似,都把无怨无悔的一生奉献给了无线电。波波夫的不懈探索也取得了让全世界震惊的成就。人们经常这样称呼他们:俄国的马可尼;意大利的波波夫。他们是人类无线电事业星空中最明亮耀眼的星星。

波波夫 1859 年生于俄国乌拉尔山区的小镇，父亲是一个矿区的牧师。波波夫自幼就喜欢摆弄修理机械，18 岁考入圣彼得堡大学数学物理系，大学期间半工半读，不仅夜间担任家庭教师，还给电灯公司当过电灯匠。

←波波夫

大学毕业以后，波波夫投身到如火如荼的研究自然和技术的生活中，进行了初步的电磁方面的研究。

1880 年，美国发明家爱迪生实验并改进白炽灯获得成功，电灯照亮了美国，经过三两年的试验，波波夫所居住的喀琅施塔得城也熄掉煤气灯，点亮了耀眼的电灯。波波夫素怀大志，他曾经向朋友袒露过：我要走遍整个俄罗斯，为整个俄国建设光明。

马可尼从懂事时起，波伦亚庄园电灯就已经亮了。波波夫却亲自经历了电灯驱走黑暗带来光明的那种喜悦。波波夫从此一头扎进电学领域，他多么希望自己能成为像罗蒙诺索夫、楞次、爱迪生那样的电磁学家。

波波夫经历了与马可尼相同的嗜读如命时期，通

无线电大王　**马可尼**

过读书他几乎同所有的电磁学大师倾心交谈，认真对话，渐渐掌握了他们的思维方式，学会了他们的实验方法。

1888年，"赫兹波"振荡了整个欧洲，也传到了沙皇俄国，29岁的波波夫被强烈地吸引住了。因为整个物理学界都在谈论"赫兹的电波环"、"赫兹波"，人们议论着无线电的可能性。此时，马可尼才14岁，他还要等上几年才能弄懂个中奥秘。

波波夫成功地重复了赫兹的实验，引起了人们的注目。在一次公开的讲演中，波波夫天才地提出了可以利用电磁波进行无线电通讯的大胆设想。

波波夫"设想"稍晚于赫兹的朋友霍布尔，他要

→乌拉尔山

←圣彼得堡大学

位居第二位，但是霍布尔只是设想，波波夫却是既设想又设法去实现。通过无以计数的失败，波波夫成为第一个实现无线电通讯的人，霍布尔只好甘拜下风。了解了电磁波的性质并且设想到它的远大用途，波波夫感到热血沸腾。他曾经十分感慨地说："即使用我一生的精力去拚命装设电灯，以广阔无边的俄罗斯来说，只不过照亮了很小的一角；要是我能指挥电磁波便可以飞越整个世界了。"

　　古人云，燕雀安知鸿鹄之志哉。一个人的伟大与否，是与他所追求的目标大小成正比的。远大的目标、坚持不懈的努力，再加上一点点机遇，你也会成为伟人。

无线电大王　**马可尼**

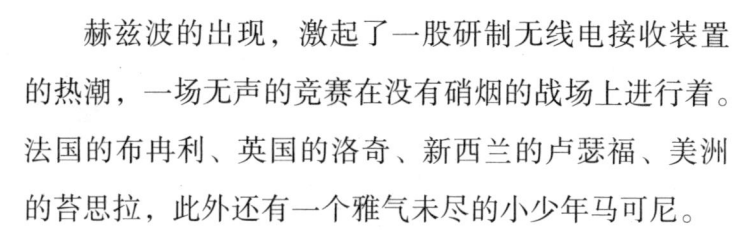

赫兹波的出现，激起了一股研制无线电接收装置的热潮，一场无声的竞赛在没有硝烟的战场上进行着。法国的布冉利、英国的洛奇、新西兰的卢瑟福、美洲的苔思拉，此外还有一个雅气未尽的小少年马可尼。

乌拉尔山矿区长大的波波夫可不是一个只会说而不肯做的人。1895年，他制成了一台无线电接收机。

这台饱含波波夫心血的接收机，从时间上看，它比洛奇研制的接收机晚了不到一年，其水平大体上与"洛奇机"相当，但灵敏度却高得多了。洛奇机之所以没有产生重要的社会影响，就在于它的灵敏度不高，它那幽灵一样的性格，时而接收到时而无法接受到电磁波，连洛奇也为之沮丧。

从灵敏度上看，波波夫机有独创贡献，它首次使用了天线。关于波波夫创设天线，增大了接收机灵敏

度，还有一段故事。

起初，金属屑检波器的低灵敏性也简直气得波波夫要发疯，他百思不得其解，百试而一无是处。

←马可尼

有一天，波波夫在实验时不经意地把一根导线碰到金属屑检波器上，发现这一天的接收机格外听话，接收机检测电波的距离比往常有明显的增加。吹着口哨的波波夫找了许多原因都无法解释这一现象，因而感到很奇怪。细心的他终于发现一根不该出现的金属导线碰到了检波器。波波夫轻轻地把导线拿开，标明检波效果的电铃就再也不响了，除非把实验距离缩小到原来那样。这个意外发现使波波夫喜出望外，他受到启发而想起了富兰克林的"天线"，他索性把导线接到金属屑检波器一端上，另一端检波器导线接到地上，形成了一个富兰克林式天线，结果金属屑检波器的灵敏度大增，实验探测距离大增。这根导线就成了无线电发明史上的第一根天线。

波波夫借助天线，一下子把洛奇远远地甩到了后

无线电大王 马可尼

边。他首先把无线电接收机用于雷电检测上,1894年6月他成功地记录下了天空中的闪电。此时此刻,勤勉的马可尼刚刚用无线电装置按响门铃,而且被父亲骂做"不切实际的空想家"。

马可尼坚持不懈地钻研着,波波夫也当仁不让地努力奋斗着。1895年5月7日,圣彼得堡俄国物理化学会的物理分会召开学术会议,波波夫应邀在会议上宣读了"金属屑与电振荡的关系"的论文,并当众演示了他发明的无线电接收机。报告厅讲台上,朴实无华的波波夫熟练地摆弄着仪器,他的助手雷布金在大厅另一端操作一台火花式电波发生器,作为电波发射源。

↑波波夫于1894年发明了第一架无线电接收器

←闪电

波波夫的无线电接收机的核心由金属屑检波器、继电器、电铃、记录器和一根垂直的天线组成。那根高傲挺拔的天线似乎在向世人宣告，无线电研究的领袖人物在俄国。

当雷布金遵命接通火花式发生器的开关时，波波夫一端接收机上的电铃立即清脆悦耳地响了起来。断开发生器，铃声就中止。当时出席彼得堡物理会议的都是物理学家，其中有的还不相信电波能传递信号。这一天，后来被苏联政府命名为"无线电发明日"。

1896年1月，俄国科学刊物《电》发表了波波夫介绍这次实验的文章，立即引起国际学术界的瞩目。估计，马可尼也搜集并看到了这篇论文，并深受波波

无线电大王　**马可尼**

← 俄罗斯建筑

夫的影响——此时22岁的马可尼正在渡海前往英国的道路上。

不久，波波夫用电报机代替电铃，作为接收机的终端。这样，波波夫的装置就成为一台真正的无线电报机了。

1896年，既可以说是波波夫年，又可以说是马可尼年。因为这一年波波夫用他的装置向数以千计的公众展示了他的成果，同时拍发了世界上第一份有明确内容的无线电报；马可尼则带着自己可以传送几公里的电报机跨海来到英国，并且在英国专利局注册。

3月24日，俄国物理化学协会年会召开，会上波波夫和助手雷布金正式表演传递莫尔斯电码的无线电

讯号。当时在场的观众有1000多人。

　　实验表演时，发射机放在附近学院的化学馆里，接收机装设于物理学会会议大厅。雷布金是拍发讯号的发电员，波波夫接收信号并担任译电员，两者的通讯距离为250米。物理分会会长佩特罗司赫夫斯基教授将接收到的电报字母逐一写在黑板上，最后人们清晰得到的电文为："Heinrich Hertz（海因里希·赫兹）"。

　　波波夫十分崇敬赫兹，所以才以他的姓名作为电报演示的内容，这一不同寻常的电报虽然很短小，却具有重大的历史意义。这是世界上第一份有明确内容的无线电报。

　　马可尼距离这一步还有几年的道路要走。迅猛奔

← 圣彼得堡

无线电大王　马可尼

跑的波波夫的确跑到了所有人的前面，他的发明创造是无与伦比的。然而，波波夫已经显得疲倦不堪了，他每跑一步都仿佛需要巨大的力量。而马可尼虽然跟在波波夫的身后，但他的速度在明显加快，而且越跑越轻松。

　　波波夫和马可尼为什么会出现这样的差别，主要原因就在于他们进入的社会环境各不相同。

　　假如两个人处在同样的社会环境中，马可尼可能永远追赶不上波波夫。人们常说马可尼是幸运的，其原因就在于这一点。马可尼处于开放的、商业冒险意识浓烈的欧洲主流社会，他从社会中接受了大量宝贵的资金、人力和物力的支持，他也善于很好地利用这些条件；波波夫则处于一个封闭的、农业意识很浓的沙俄统治下的国家，没有多少人支持他，没有资金流入他的实验，波波夫凭借的完全是自己的热情和对科学的奉献精神。个别几个人对波波夫的援助同马可尼所得到的相比是不可同日而语的。最后波波夫落后了。

　　任何科学研究主要包括两个阶段或主要方面。一

是科研化阶段，它主要在发明家或科学家的头脑与实验室的试验中互相强化，不断地振荡，最后冲入社会，进入第二个阶段。二是社会化阶段，科研阶段产生的结果要到社会中寻找知音，获得社会各界的支持，或进一步深入研究，或扩大应用规模为社会创造巨大的

← 马可尼

无线电大王　马可尼

←马可尼

财富。波波夫在第二个阶段落在了后面。

虽然，波波夫1895年拍发了世界上第一封无线电报，马可尼却第一个使无线电投入商业实用。

马可尼第一个使无线电成为海上通讯及海上救生的利器，波波夫偶然为之却得不到应有的重视；马可尼第一个使无线电讯号越过了滔滔的英吉利海峡；马可尼第一个使电磁波横越了大西洋。

直到1899年8月，波波夫的研制工作才开始受到俄国海军部的承认。当时，一艘俄海军战舰触礁。为了营救，波波夫受命在出事地点与救援中心之间建立了实用无线电报通讯。两地距离45公里，由于无线电报的高效率，使海军很好地完成了营救任务。

当时驻扎在喀琅施塔得港城担任司令的马卡洛夫，十分欣赏波波夫的才华，得知营救战舰成功的消息后，这位海军上将立即给波波夫发了一封热情的贺电。

在俄国，第一个深刻理解波波夫事业及其价值的，就是马卡洛夫，他相当于波波夫的"普利斯博士"。然

而，个人是无法扭转乾坤的。

在英国，整个一个社会理解并支持马可尼的事业，当然这个社会就享用了马可尼的成功。

历史如果能够倒流，让波波夫也离开沙俄，前往德国、法国或英国，那么情况会是怎样呢？

← 波波夫

无线电大王　**马可尼**

永不满足的探索

> 伟大的成绩和辛勤的劳动是成正比例的,有一分劳动,就有一分收获,日积月累,从少到多,奇迹就可以创造出来。
> ——鲁迅

科学技术领域的每一个工作者,都怀着一颗好奇之心,这些好奇心以及无休止的事物自身发展的变化,促使科学家们进行一场一场永远无法满足的探索,要么向事物无穷大的方向推进,要么向无穷小的方向追逐。

为了让大西洋两岸无线电报迅速实现商用化,马可尼一忙就是十几年。

这段时间,马可尼亲自参与了无线电报设备特别是各种元件的革新,这也是一场革命。

早在1883年,美国发明大王爱迪生研究用高熔点金属制做灯丝的实验中,发现了后世所称的"爱迪生效应"。它为第一代电子管出现奠定了基础。1897年英国汤姆逊发现电子以后,科学家弄清了"爱迪生效应"

是由于灯丝向正极发射电子。英国发明家弗莱明协助马可尼，设计了1901年横跨大西洋的无线电报所用的发射器。此后不久，弗莱明利用爱迪生效应和设计发射器积累下来的经验，想制造一种高性能的电磁波检波器，结果研制成功了二极管。所谓二极管，就是在一个真空管中放进两块金属板，一个是正极板，一个是负极板。当加热负极时，就有电子流入正极；当正极加上无线电信号时，通过的电流也随之发生起伏。二极管是一种性能良好的新型检波装置，它为无线电报机提供了灵敏的心脏。

←爱迪生

1906年，美国德福雷斯特又在二极管基础上研制成三极管。它具有放大信号或电流的性能，人们一直把它做为灵敏的探测器和检波器使用。它使马可尼公司可以制造出世界上最优良的无线电台。后来，俄国人也不得不向西方购买电台。

从三极管出现伊始，电子管技术突飞猛进。同年，英国邓伍迪发明了晶体接收器，无线电台的收发机器，

无线电大王　**马可尼**

←第一次世界大战老照片

日臻完善。

第一次世界大战爆发促进了无线电报事业的发展。一些卷入战争的国家，由于海底电缆铺设范围有限，航行又受敌国潜艇的威胁，所以只好求助于无线电报。

对于欧洲许多殖民主义国家，如果不能成功地建立无线电报联系的话，就有与其殖民地失去联系的危险，因而不得不利用无线电通信。由于当时没有放大技术，只好求助于大功率发射机和巨大的天线。

马可尼在尼特电台的天线有50多米高，功率在当时的水平下也是相当可观的。

马可尼创立的公司通过无线电服务于社会，向技术领域提出了更高的要求，直接或间接地推动了电子时代的到来。物理学界日益关注马可尼，为马可尼公司提供科学理论支持，同时他们也从马可尼公司中汲

取了新的研究灵感，拓宽了研究新思路。

　　一天，在马可尼忙于完善无线电设备与元件的工作时，斯德哥尔摩来电话，通知马可尼准备接受诺贝尔奖金。

　　1909年11月，因为发明无线电技术的功绩，35岁的马可尼荣获该年度诺贝尔物理学奖金。另一位分享者是德国科学家阴极射线管发明人。马可尼微笑着登上了领奖台。而在这以前3年，1906年1月13日，波波夫因患脑溢血突然去世，享年47岁。在众多无线电探索的精英中，波波夫第一个脱颖而出，创建了辉煌的业绩，但由于沙皇政府的腐败昏庸，他的事业得不到自己国家的重视和鼓励。波波夫热爱祖国，曾几次

← 诺贝尔奖章

无线电大王 **马可尼**

谢绝了外国科研机构的聘约，最后壮志未酬，英年早逝。

相反，马可尼在无线电上的巨大成功，使他获得很多荣誉。除了诺贝尔物理学奖外，他还得到过美国的富兰克林奖章，俄国、西班牙等国家的勋章。不过，马可尼可不是热衷于出风头的人物。他在荣誉面前能够自省自持，全世界几乎人人都知道他是无线电发明家，无线电公司的企业家，他却常以一名"业余爱好者"自称，表现出少有的谦虚风度。

战争期间，马可尼也曾参与其事，他研究过杀人武器，并为意大利反动政府的侵略战争出过力，留下了他一生中的瑕点。当然，世上绝对没有完人，我们也不能苛求前人。他们的所作所为当然要受到社会的挟持和驱动。

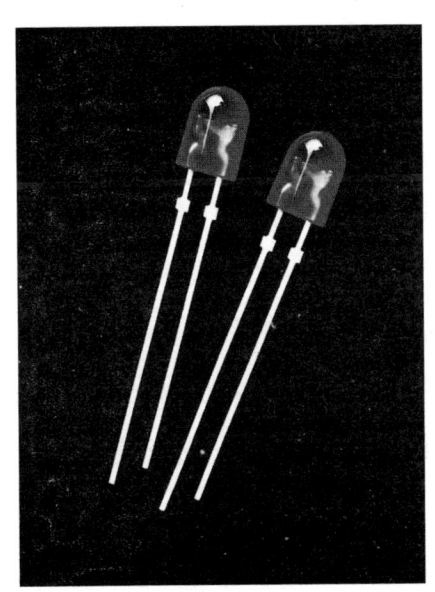

战争的阴影一摆脱，马可尼就马上投入到扩大全球无线电通讯事业中来。1918年9月，马可尼公司又有了重大的突破。

↑ 二极管

←三极管

马可尼采取等幅波发射，在英国向澳大利亚之间传递了第一份无线电报。他又一次在无线电通讯距离长度上创造了世界第一的记录。

作为无线电通信的大师，马可尼还十分注意在通信的各个领域——有线与无线电报、电话与广播之间的相互借鉴。他知道，其中的许多技术是完全相通的。20世纪初，人们又研制成功无线电话，它刚刚发展起来不久，无线电广播就开始了。马可尼积极支持并参与无线电广播。1906年，人们发明了一种特别简单的高频振荡检波装置即矿石检波器。任何一个无线电爱好者，只要花上几十元钱买一个耳机和矿石检波器等

无线电大王　**马可尼**

元件，就可以安装一个简单的收音机。1906年的圣诞之夜，美国人费森登用1千瓦功率、50赫兹的频率，借助麦克风，第一次播送了讲话和音乐。无线电广播风靡起来。

在马可尼亲自指导下，1920年马可尼公司取得英国政府的许可证，在英国切姆斯福以2800米的波长、15千瓦的功率定时播送新闻节目。不久，马可尼公司

→ 马可尼

进一步进行试验，并于1922年5月在伦敦创立了著名的2LD广播电台，使用360米波长，提高了无线电广播公司的播音质量。年底，世界上最负盛名的英国广播公司（BBC）在马可尼公司技术支援下成立。

←马可尼一家

无线电报的社会影响怎么也比不上无线广播，估计20世纪20年代中期，英国就有收音机200多万台。社会需求又推动了无线电技术的深入发展。其中一个最重要的方向，就是使用电磁波的波长不断缩短。

中波的传播距离远远超过长波，短波则有更大的潜力。马可尼积极从事无线电波段资源的合理利用。从1916年至1922年间，他就开始研究短波通讯，成为当代短波通讯的伟大开拓者之一。从此之后，短波逐渐成为长距离广播的主要方式。

1920年，马可尼从拍卖行买下了一艘豪华宽敞的游艇，将其改装成为一艘海上浮动实验室。船上最引人注目的是无线电舱，在里面装有试验仪器和各种长短波无线电收发报机，专门供通讯实验用。

无线电大王 **马可尼**

马可尼乘坐这条实验船，到处进行实验，同时也获得娱乐。马可尼说，我生来就是作为水手的，我热爱大海，不仅因为它能把我从陆地上的烦恼中带走，而且因为在海上我可以随心所欲地去思索、研究和试验。马可尼的头脑中总有许多关于无线电研究的课题。

一天，马可尼想到无线电传输过程遇到的一个历史遗留问题。这一问题最早还是由波波夫发现的。

1897年，在无任何资助的相当艰难的条件下，俄国发明家波波夫仍然顽强地进行着无线电实验。

这一年春天，波波夫在喀琅施塔得港口的一个停泊场进行无线电报实验，可靠通讯距离达到640米。波波夫认为需要进行动体的无线电通讯实验。夏天，波波夫和雷布金在俄国海军"阿非利亚号巡洋舰"和"欧罗巴号教练舰"上进行无线电通信试验，最大距离

→ 马可尼访华

1933年，马可尼携夫人曼丽亚作环球旅行，在中国先后游历了大连、北京、天津、南京等地，于12月7日清晨抵达上海。

达到5公里。

在无线电发展史上，这一次试验是十分著名的，它成为另一项无线电应用的开拓试验。事情是这样的：在试验过程中，波波夫和雷布金发现，电磁波在两舰之间传递时时常受到一种干扰，后来他们发现是电磁波被两舰中间驶过的第三艘军舰反射，从而产生的干扰。

波波夫顿悟地感到这一现象的重要。当时，波波夫曾把这一现象报告给海军喀琅施塔特港司令部，并且预言了它的实用价值，可惜未引起重视。

无线电大王　**马可尼**

马可尼熟悉波波夫的这一段经历。他经常想，它的实用价值是什么呢？如果长时间地思考一个问题，总会有一个答案突然跳出脑海的。

有一天，马可尼驾驶那艘"伊莱特娜号"游艇兼电子实验船在茫茫海雾中穿行，无线电信号发射出去很快又反射回来，其中又遇到一个比较强的反射，经过事后证实，这是一艘大型货轮。

当货轮鸣着响笛从游艇身旁驶过时，马可尼的心中一亮，用无线电来探测未知物体的存在。他想，波波夫当年一定也是这么想的。

事实上，这时马可尼心中已经形成了关于雷达的构想。在英文中，雷达是"无线电探测和定位"的简称，其基本工作原理是电磁波遇到物体时被反射回来，通过测量与计算，就可以探测出远处的目标，并精确地测定目标的方位、速度和距离。

马可尼于1922年提出了关于研制雷达的初

→马可尼纪年铜柱屹立在上海徐家汇

步设想的论文。

当马可尼遇到一艘邮轮时,他把信寄了出去。当时人们还沉浸在战后和平之中,只有美国海军研究实验室注意到了马可尼的论文。他们以波长为5米的电磁波为连续波进行了实验验证。

美国从1925年起利用脉冲调制技术,经过近10年的研制,制成第一台脉冲雷达,到1938年防空袭雷达已经实际应用。

马可尼受波波夫启发,美国人受马可尼启发,英国人利用雷达以700架战斗机有效地抵御了德寇2500架轰炸机的袭击。可以说,是雷达挽救了英国免遭沦陷的命运。战争期间,英国首相丘吉尔曾感

无线电大王　**马可尼**

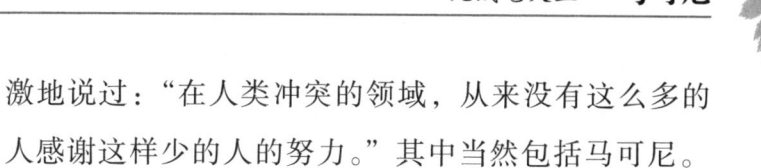

激地说过："在人类冲突的领域，从来没有这么多的人感谢这样少的人的努力。"其中当然包括马可尼。

马可尼驾船破浪，浮海为家。他在船上以无线电同全世界的无线电爱好者沟通信息，联络感情，共同进行无线电通讯的广泛实验。

1933年12月，马可尼曾访问中国，先到北京，经津浦铁路南下上海，受到中国科学社、上海交大等十几个单位的热烈欢迎。为了纪念马可尼的功绩和莅临，交大在其工程馆前建立一根"马可尼"纪念铜柱，马可尼及夫人亲自参加了植柱仪式。

→ 马可尼和夫人

相关链接

BBC的历史

在BBC建立之前,已经有很多私人公司尝试在英国做电台广播。根据1904年的无线电法案,英国邮政局负责颁发电台广播牌照。1919年,由于收到很多军队对"过多广播而干扰军事通讯"的投诉,邮政局停止发出牌照。于是,1920年代初期,广播电台数量骤减,越来越多人要求成立一个国家广播电台。一个由无线电收音机制造商组成的委员会经过几个月的讨论,最终提出一个方案,BBC由此诞生。

英国广播公司成立于1922年,由几个大财团共同出资,包括马可尼(Marconi)、英国通用电气公司(GEC)、British Thomson Houston等。公司草创时最初的目的是建立一个覆盖全国的广播传输网络,以为今后的全国广播提供便利。1922年11月14日,BBC的第一个电台"2LO"以中波从伦敦牛津街的塞尔福里奇百货公司(Selfridges Department Store)的屋顶开始广播。次日,"5IT"

无线电大王 **马可尼**

从伯明翰开始了广播,"2ZY"从曼彻斯特也开始了广播。

1927年,BBC获得皇家特许状(Royal Charter of Incorporation),由理事会负责公司的运作,理事会成员由政府任命,每人任期4年,公司日常工作则由理事会任命的总裁负责。

1932年"BBC帝国服务"(BBC Empire Service)开播,这是BBC第一个向英国本土以外地区广播的电台频道。1938年,BBC阿拉伯语电台开播,这是BBC的第一个外语频道。到二战结束时,BBC已经以英语、阿拉伯语、法语、德语、意大利语、葡萄牙语和西班牙语7种语言向全世界广播。这是BBC全球服务(BBC World Service)的前身。

苏格兰工程师约翰·罗吉·贝尔德从1932年开始和BBC合作,尝试进行电视播送。1936年11月2日,BBC开始了全球第一个电视播送服务。电视广播在二战中曾经中断,但是在1946年重新开播。1953年6月2日,BBC现场直播伊丽莎白二世在西敏寺的登基大典,估计全英国约有2,000万人直接目睹了女王登基的现场实况。

荣誉功劳的归属

> 镭是自然界中的一种物质，它应该属于全人类。
>
> ——居里夫人

从科学发展的历史过程看，无线电技术是一项影响深远的伟大发明。当它刚刚破土而出时，遇到了种种非难和阻力，连马可尼的父亲都骂之为"不切实际的空想"，冷嘲热讽者更是不计其数。马可尼和波波夫都无法逃避这一劫难。

我们先看一看波波夫的遭遇。

波波夫对自己的发明创造抱有百分之百的信心。然而由于沙俄政府的腐败无知，波波夫未能得到政府的关心和帮助。当他第一次请求沙皇当局拨发实验经费时，经由沙皇海军部长签批，竟然不予拨款而称之为"幻想"，后来经过海军上将马卡洛夫的一再坚持，才总算拨下来一笔钱。经过长期辗转和层层盘剥，波波夫最后拿到这笔钱时，仅仅有300卢布。

真是令人啼笑皆非的300卢布！

无线电大王　**马可尼**

　　1905年5月，俄国波罗的海舰队在日本对马海峡遭到装备有精良无线电通讯设备的日本联合舰队的袭击，结果全军覆灭。对马海战扭转了日俄远东力量对比，其海军惨败，是对最早发明无线电的沙俄帝国的最大嘲弄，这就是轻视科学技术发明的结果，是历史的报应。科学技术不像做买卖投资一样立即得到回报，它馈赠给人类的财富，有时时间是很长的。人类振兴和发展科学技术必须要有耐性，有时还要有点"墙里开花墙外香"，"红杏一枝出墙来"的大公无私的精神。马可尼生于亚平宁山脉以南的意大利，但直到20世纪30年代，意大利在无线电技术方面还一直是一个后进的国家，相反受益最大的却是英国和美国。

↑马可尼

　　科学技术的受益现象，如同水往低处流一样，它要寻找最佳的社会建制环境，在那里科学家的创造才受到人们的高度尊重，技术创新也会得到人们的高度支持，科技创造效益才会得到社会公平的分配。今天，我们建设中国社会主义，就是要在建设物质文明的同时，建设这样一种社会建制和处理上述关系的规则。

当无线电事业刚刚萌芽时，许多人不理睬它，还有的人非难嘲讽扼杀它。可是，一旦无

1901年马可尼的传输信号发送成功——报纸头条

线电扎根开花结果了，接踵而至的是挑起争端趁机摘桃子的人。对于科学技术，人们争议最大之处，就是谁是真正的发明创造者，谁是继承革新者。从法律的角度，这就叫发明的优先权问题。

从无线电发展过程看，无线电是一场国际合作前仆后继的接力赛，很难绝对断定谁充分享有优先权。然而，当无线电的灿烂前景展现在世界面前时，无线电发明权成了商业行为逐猎的目标。经过几百年的经济为主体的社会发展，人们已经认识到或开始体会到，巨大的财富对愉快和如意的生活并不是绝对必需的。可是，商业集团的利益，残酷非人道主义的竞争使人们蔑视实际情况而盲目制造一些人们并不需要的"热

无线电大王　**马可尼**

点"。

开始，许多西方国家出于反对新生苏维埃国家政权的动机，连沙俄时代的波波夫无线电创制工作也不予承认。他们否认波波夫对无线电事业的真正贡献。贬低俄国人，打击俄国，这是当时西方商业集团的主要动机。

一直受到欧洲歧视的俄国，当波波夫最需要资助时，他们只是吝啬地拿出可怜的300卢布，使他于贫病交加中患脑溢血突然撒手人寰。1908年，波波夫尸骨未寒时，俄国人却发动了一场旨在抵制马可尼，为波波夫讨回"公道"的争夺优先权之战。

对于科学家来说，最大的公道就是让他们有一个能够充分发挥创造力的社会环境，丰衣足食之外提供比较宽裕的研究资金，正确地评价其科学技术创造的社会意义包括经济效益。而不是在科学家死后，拿着他们的名义为了什么别的目的去你争我夺。俄国人拿着波波夫的盛名去争夺优先权，本身就是

↑马可尼正在进行测试

科学家卷　097

对波波夫和马可尼的最大不公平。

常言道，当事者迷，旁观者清。对于绝对多数的情况，这是一句真理。但是，一旦旁观者也沾上了什么私利时，尤其是当事者大公无私时，这句话就应该反过来说了。无线电事业的发明者是最大的当事人，他们对优先权是怎样看的呢？

伟大的发明需要有伟大的胸怀。

我们从无线电事业的历史文件翻检中，窥视到了伟大发明者的宽广胸襟，和他们对待发明优先权的谦虚态度和精神。如果设想让几位无线电直接发明者欢聚一堂时，他们会红着脸推让，绝对不会你争我夺的。

赫兹英年早逝，没有留下什么文件来证明他对优先权的看法，但他始终关注于麦克斯韦理论的证明，不甚关心科学实验的副产品的作用。在赫兹和绝大多数科学家的心中，探索自然界的奥秘才是最大的欢愉，至于这种奥秘探索的功利是什么，他们不会关心也没有时间去关心。

无线电大王　马可尼

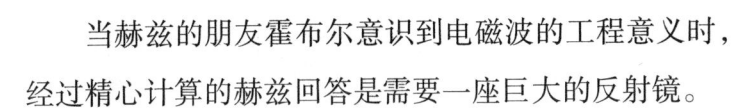

当赫兹的朋友霍布尔意识到电磁波的工程意义时，经过精心计算的赫兹回答是需要一座巨大的反射镜。

那么其他人怎么样呢？早在1898年，法国物理学家布冉利就明确表示了态度。他说："虽然我的无线电试验能够成为无线电通讯的基础，但我没有任何侵占这个发明权的念头，因为我从来没有想到过发送讯号。"

谦虚的布冉利是第一个发展了赫兹科研成果的法国科学家，他把发明的荣誉让给了后来人。他说"无线电报实际上是从俄国人波波夫的试验中产生的"。

伟大的实验大师卢瑟福想到了发送讯号，他对发明的优先权也表了态。1910年，卢瑟福出版了一本名为《卡文迪许实验室的历史》的著作。在书中，卢瑟福以自豪的心态追述了他的无线电实验。早在马可尼着手进行无线电报的实验之前，卢瑟福在新西兰就已经进行了距离长达800米的无线电通讯，其中着

↑马可尼

重检测了无线电讯号。这位原子核的发现者、原子物理学家并未看重无线电发明优先权。他极为推崇马可尼的作用，表现出博大的胸怀。

英国科学家洛奇是无线电设备的最大改进者，他将金属屑检波器同继电器、打字机相连，构造了一台完美的无线电接受机，事实上洛奇是无线电的一半发明人，赫兹发明了无线电发射机，是另一半发明人。洛奇专门进行过用莫尔斯电码进行无线电传送的工作。他却不无遗憾地说，当时我忙于教学工作，以至于无法从事电报或其他方面的研究工作，我也没有能够有预见地抓住具有重大意义的电报……

如果说，上述科学家是过于谦逊，不论评价自己或是别人，有些偏颇的话，那么一贯直率坦诚的波波夫，则公允地说出了正确的评价。他说，马可尼或许可能知道我的仪器，他也过多地把成功归于自己，但是无可置疑的是在长距离电报通信方面，马可尼最早达到了实际应用的地步。

← 麦克斯韦

无线电大王　**马可尼**

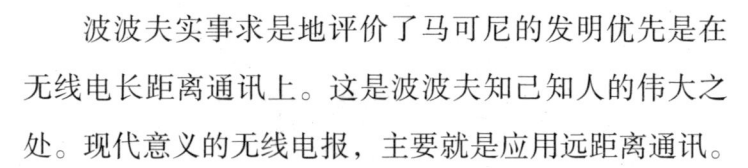

波波夫实事求是地评价了马可尼的发明优先是在无线电长距离通讯上。这是波波夫知己知人的伟大之处。现代意义的无线电报,主要就是应用远距离通讯。

我们不妨说波波夫是近距离无线电通讯的创始人。

我们在无线电发展上的当事人身上,很难找到他们为了无线电发明优先权而争逐的迹象,他们宽宏大量的胸怀,没有造成任何副效应的影响。

可是,商业利益使一些国家或企业集团赤膊上阵,争夺无线电发明优先权,企图更大地获得垄断利润。

在马可尼开拓无线电事业的过程中,由于得到邮电技术专家普利斯的指导,马可尼发明权都在专利机构注册,得到了正常的保护,受到侵权的情况较少。

→发明家马可尼纪念银币

← 老式电报机

  这一点可能是激怒俄国人的原因之一。

  1908年，俄国人率先挑起了"无线电发明优先权"的争端。俄国物理化学协会专门为此成立了一个委员会，对发明无线电的优先权进行调查。该委员会向许多外国学者发信征询意见，调查原始资料，最后片面地宣布波波夫享有无线电发明优先权。荣誉完全属于俄国！

  俄国一些偏激的学者完全无视马可尼对于无线电的巨大贡献，把他贬低为一个"剽窃者"，让他靠边站！其实是波波夫无愧于俄国，但是俄国忽视了波波夫的伟大发明。

  为此，英美学者提出了更充足的理论，他们提出了"综合众家之长的创造学说"。比如，瓦特并没

无线电大王　**马可尼**

有发明蒸汽机，他只是发明了蒸气机上的缸体外部的冷凝器，从而实现了蒸汽机的实用化，人们因此尊称他为"蒸汽机之父"，蒸汽机最后还导致了一场革命。

莫尔斯也不是第一个发明有线电报机的，但他发明了简明实用的"莫尔斯电码"，才使有线电报成为广泛应用的通讯工具，人们并未怀疑莫尔斯的优先权。

马可尼的确没有在波波夫之前作真正的演示无线电实验，但马可尼第一个使无线电走出实验室，走过海峡和宽广的大西洋，变成真正实用的通信工具。

后来，苏联政府参与了这场无意义的争夺战。

十月革命后，苏联才极为重视波波夫的成就。在1925年纪念波波夫风暴预警仪诞生30周年之际，为争夺无线电发明优先权，苏联政府发动了第一次宣传攻势。苏

→莫尔斯

科学家卷

联度量衡局负责人伽贝尔在《英国无线电世界杂志》上发表一篇文章，指出波波夫在1895年5月7日发明了无线电报。编辑部向他索取参考文献，他无法提供，不得已将实验日期改为1896年3月24日。伽贝尔的作法显然不能令苏联政府满意。尽管1896年3月24日比马可尼申请第一个专利的日子早3个月，但西方人公认马可尼到达英国，得到邮政总局资助为无线电发明有记载的日子。

← 赫兹

苏联政府为了"让无产阶级科学战胜资产阶级科学"，于1945年纪念波波夫发明无线电50周年时就单方面向世界宣布：1895年5月7日是无线电诞生日，每年5月7日将是苏联无线电日。

中国50年代盲目学习苏联老大哥时，青少年曾热情地庆祝过它。那时，中国的孩子只知道有一个波波

无线电大王　**马可尼**

←马可尼纪念碑

夫，伟大的成绩只能出现在伟大的苏联，西方帝国主义一天天烂下去，是不可能有什么发明创造的，有也只能是剽窃。

1905年以来，诺贝尔奖金评选委员会多次提名马可尼，为了慎重起见又推迟了几年，经过权威学者认真调查取证，得出正确结论：

马可尼对火花电报技术的正确贡献，可以叙述如下：麦克斯韦提出了电磁波理论，赫兹实现了电磁波存在的检验并说明了它的特性。洛奇和波波夫发明了仅限于表演和局部实验的装置，或是像雷雨观测这种不实用的仪器。马可尼发现了有效地把电磁波转变为一定信号的可能，并利用自己手中的工具，结合别人的成果作了一系列进一步的实验，终于使他的发明

发展成为完整的系统，从而成功地实现了无线电报的商业上的运用。

1909年，马可尼终于因为发明无线电的功绩，以35岁的年龄荣获该年度诺贝尔物理学奖，为他在无线电之父的历史上树立了一块永恒的丰碑。

← 马可尼一家

永不消逝的电波

> 动物只为生命所必需的光线所激动，人却更加为最遥远的星辰的无关紧要的光线所激动。只有人，才有纯粹的、理智的、大公无私的快乐和热情，只有人，才过理论上的节日。
>
> ——费尔巴哈

无线电在马可尼的推动下取得了巨大的成功，马可尼也受惠于无线电，它给马可尼带来了纷至沓来的荣誉和奖励。

全世界公认马可尼是无线电发明家。

功成名就的马可尼没有迷失在荣誉和赞扬声中，他仍然以"无线电爱好者"的身份，孜孜不倦地进行研究。在马可尼的后半生中，他有"三多"：一是钱多，马可尼公司是一个拥有无线电专利技术极为赢利的企业，每年为股东赚取巨额的利润，马可尼又是屈指可数的大股东；二是名多，诸如什么议员、元老、院士、侯爵、会长等头衔，不一而足；三是发明多，

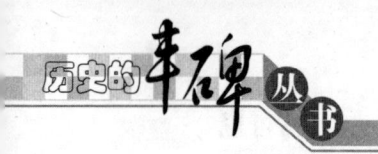

马可尼以发明为一生最大的乐趣:

1918年9月,马可尼研究无线电等幅波,研制发明等幅波发射技术,第一次在英国和澳大利亚之间传递了无线电报;

1920年6月,马可尼利用无线电短波传播具有较强的方向性的特点,开拓了无线电短波通讯的研究道路;

1922年以后,马可尼以海上无固定地点通讯为手段,寻找到了海上通讯的最佳条件;

马可尼先后荣获300多项科学技术发明专利,为

此处是1904年马可尼修建的灯塔——当时北美的第一个海军电讯站,也是第二次世界大战通讯联系点的历史遗迹。

无线电大王 马可尼

人类创造了巨大的财富。马可尼认为，只有科学技术的发展能够极大地推动社会的进步，而只有创造革新才能为科学技术发展提供动力。

马可尼抓住了科学技术的牛鼻子。他不仅注意科学技术的创新创造，而且更注视科学技术的产业化过程。正如一家著名杂志在评论马可尼逝世时说："多少人仅仅满足于证明无线电的可能，他却完成了。这无疑是伟大的！"

无线电是20世纪产业化最彻底的科研项目之一，这与马可尼的终生努力是分不开的。它不仅为社会进步提供了巨大的物质手段，同时也为科学技术的深化提供了重要的动力。

大西洋沟通了，太平洋沟通了，全球沟通了！

1930年8月22日，德国柏林第七届"无线电博览会"开幕，在万人注目的开幕典礼上，组织者邀请伟大的科学家爱因斯坦讲话。

←游艇上的马可尼

这位"20世纪伟大的牛顿"不仅认识到无线电的商业和经济上的价值,还深刻地揭示了"无线电的社会意义"。他说:

首先使真正民主成为可能的是科学家,他们不仅减轻了我们的日常劳动,而且也创造出了最美好的艺术上和思想上的作品,而对这些成果的享受,一直到最近以前都只有特权阶级才有可能,但现在大家却都能接近它们了。因此,可以说科学家们已打破了各国的麻木不仁的沉闷状态。

无线电广播有一个能把各国联合在一起的独特作用。它能用来加强相互友好的感情,而这种感情是多么容易转变成不信任和敌视呀。但是无线电却是以最生动的形式,并且主要是以人民最喜爱的方式来表现自己。

无线电大王 **马可尼**

无线电后来衍化为电视、微波通信、传真以及遥感等一系列现代不可缺少的技术。正像爱因斯坦所指出的那样，无线电技术使地球日益变小，使原来互相隔离的人们的关系日益缩短密切。

正是无线电的出现使人们意识到，世界变成了一个"地球村"。

建设一个伟大的大同世界，人们必须相互沟通、了解，必须相爱相亲，必须迅速快捷地了解其他地方发生的情况，民主地作出判断和抉择。

所有这一切都离不开无线电技术的进步。

马可尼生在马可·波罗的故乡，从小以浓厚的兴趣阅读过《马可·波罗游记》，向往中国古老文明，对中国具有深刻的感情。1933年冬季，马可尼访问中国，对中国的广袤有了深刻的感受。他对人说，翻开世界地图把中国和意大利比一比，任何人都会深有所感。

→ 沉思中的马可尼

中华无线电研究社曾授予马可尼名誉会员的称号，他十分珍惜这一名称，常常提起中国之旅，并以现代马可·波罗自称。

科学家卷 111

← 微波通信实验教学系统

马可·波罗热爱中国，马可尼热爱中国，通过他们，向欧洲人介绍了中国的情况，加强了中国与西方的相互了解，马可尼的无线电通讯更深化了这一点。

1933年10月的一天晚上，在美国科学家欢迎诺贝尔奖金获得者马可尼的盛大宴会上，幽默的美国人提议让马可尼即席表演无线电环球通讯，发出无线电莫尔斯SSS信号，经过世界6大无线电通讯台接转后再回到原地，电报绕地球一周，仅用了33秒钟！

当环绕地球一周的电报信号回到宴会上时，人们为马可尼欢呼雀跃，为这一人类伟大业绩而兴奋万分，举杯祝福马可尼，举杯祝福人类美好的未来。诗人即席赋诗，咏叹无线电的神奇与玄妙……

马可尼发明无线电报，开启了一扇走向未来世界

无线电大王　马可尼

的大门。一花引来百花开,硕果累累满枝头。

1902～1924年,人类研究无线电波反射的现象,奠定了电离层理论。

1935～1940年,微波通讯的原理受到人们的普遍重视。

1941年美国正式开始电视广播。1946年美国生产电视机仅6500台,到1949年突然猛增到300万台,1950年又增长到746万台……

1951年,世界上第一次正式进行彩色电视广播,1964年美国开始普及彩色电视机。

1965年,人类第一颗地球同步静止轨道卫星发射成功,卫星无线电报通讯量猛增,不仅传播数以万计的双向电话,而且转播彩色电视节目,其质量不亚于市内通话和彩色电视广播。

1972年,人类发射第一颗地球资源卫星,对地球进行遥感。据美国人估计,

→电视广播发射塔

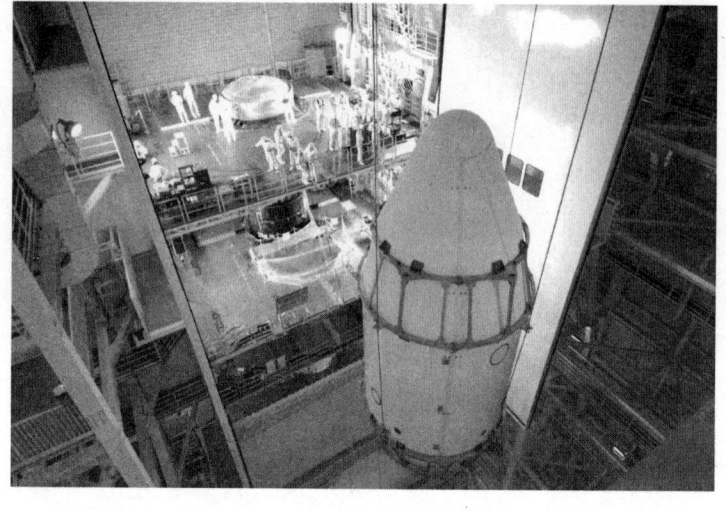

←一颗3吨级静止轨道卫星

每颗地球卫星的经济效益，每年约数10亿美元。遥感对于发展中国家以及幅员辽阔且许多地方人迹难到的国家，经济效益尤其明显。

人类借助电磁波取得了探索自然奥秘的巨大而特殊的胜利。人类登月时，阿姆斯特朗船长的激昂贺辞就是用无线电传播到地球的。

人类与遥远星球联系接触完全依赖无线电。现在，已难以想象人类离开无线电会怎样。20世纪是无线电的时代，这依赖于对无线电——电磁波的认识，依赖于无线电通讯技术。

今天人们正在进入信息时代，信息高速公路正在向人类招手。

这些都奠基于马可尼。马可尼对人类的贡献是难

无线电大王　**马可尼**

←国际通信卫星

以用笔墨描述的……

1934年4月25日，马可尼60岁生日。从世界各地拍来的祝寿电报一封接一封地飞向他的住地。除了全世界诸多的官方机构拍来的正式贺电，数以万计的全球无线电爱好者纷纷用他们或简陋或精巧的无线电台，向马可尼这位无线电之父致意，雪片一样的电报令人应接不暇，最后电报员只好关机，拒绝收报……

为了纪念马可尼的伟大贡献，"国际海上无线电协会代表全球50个国家，一致通过决议把4月25日命名为世界海上无线电服务的"马可尼日"。在每年的这一天，人们缅怀马可尼的贡献。

1937年7月20日，年寿63岁的伟大无线电发明家马可尼病逝，噩耗乘着电磁波的载体迅速传遍全球，全世界都沉浸在悲痛之中，痛悼这位无线电巨人离开

科学家卷

了人间。葬礼举行时，罗马有上万人加入送葬行列。国际无线电通讯组织倡议在马可尼下葬时，所有无线电报和无线电话都静默两分钟，以表示对马可尼逝世的真诚怀念。

马可尼的一生，就是一部无线电的历史。当马可尼踏上英国时，无线电还处于摇篮；当他载誉辞世时，无线电已遍布全球各个角落。

今后，人类还将发明更快捷先进的通讯手段，那时，马可尼等人发明的无线电收发报机可能会像古代农具一样，存放在博物馆里供人们瞻仰缅怀，然而，无线电波是永不消逝的！

← 人类登月